D1747466

Voor Jack
M.M.

Voor Francesca Dow
J.R.

ISBN 90 6238 666 0
Vertaling: Paula Giel-de Looff
Nederlandse rechten: Uitgeverij Christofoor, Zeist 1997

© Tekst: Margaret Mayo, 1996
© Illustraties: Jane Ray, 1996
Oorspronkelijke titel: *The Orchard Book of Mythical Birds and Beasts*,
uitgegeven door Orchard Books, London 1996
Gedrukt in Singapore

Mythische dieren
UIT ALLE WINDSTREKEN

Eerder verscheen
bij Uitgeverij Christofoor:

Mary Hoffman en Jane Ray
Aarde, vuur, water, lucht

Margaret Mayo en Louise Brierley
Scheppingsverhalen uit alle windstreken

Margaret Mayo en Jane Ray
Sprookjes uit alle windstreken

Jane Ray illustreerde
een zestal prentenboeken:

Arion en de dolfijn
De ark van Noach
De gelukkige prins
Het kind in de kribbe
De stukgedanste schoentjes
Het verhaal van de schepping

Mythische dieren
uit alle windstreken

Naverteld door Margaret Mayo

Geïllustreerd door Jane Ray

Uitgeverij Christofoor, Zeist

Inhoud

11
Pegasus, de Chimera
Het paard dat vliegen kon
Griekenland

22
De Zeemeermin
Een zeemeermin moet je nooit aankijken
Engeland

32
De Eenhoorn
De eenhoorn gaat zijn eigen weg
Europa

37
De Dondervogel
De dondervogel met zijn groene klauwen
Noord-Amerika, Indiaans

46
De Draak
De vissen bij de Drakenpoort
China

55
DE ZEESLANG
*Kleine Jakob en de eerste,
de grootste en oudste van alle zeeslangen*

Orkney Eilanden, Scandinavisch

67
DE GEVEDERDE SLANG
Hoe de muziek naar de wereld kwam

Mexico

74
DE MINOTAURUS
De eerste, de enige en laatste Minotaurus

Griekenland

85
DE NAGA
Drie fantastische eieren

Birma

96
DE PHOENIX
Vogel van de zon

Egypte

103
Over de verhalen

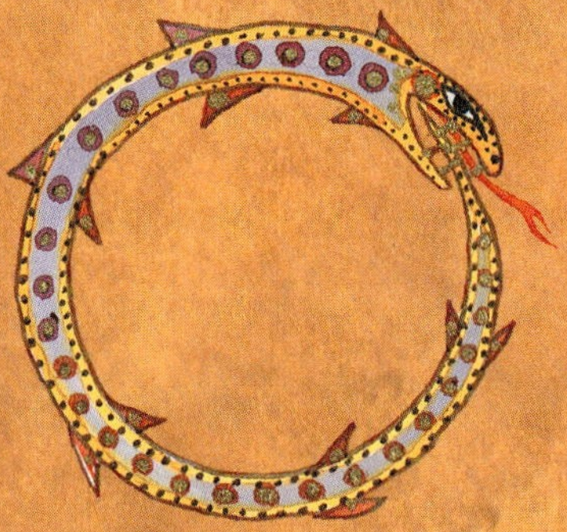

Pegasus, de Chimera

Het paard dat vliegen kon

Pegasus was een prachtig, sneeuwwit, schuw paard, met heel grote vleugels als van een vogel, en hij kon vliegen. In een tijd, lang geleden, toen de goden nog op aarde leefden, zwierf hij vrij rond in het land van de Grieken. Niemand had hem ooit bereden. Niemand was ooit dichtbij genoeg geweest om hem aan te raken, totdat een zekere jonge prins het geheim leerde kennen hoe dit prachtige, gevleugelde paard getemd kon worden.

Deze prins heette Bellerophon en natuurlijk was hij een knappe, levenslustige, stoutmoedige prins, die hield van reizen en avontuur. Maar zonder fouten was hij niet. Wie wel? Het probleem was, dat prins Bellerophon nogal een hoge dunk had van zichzelf en vond dat hij alles kon. Eigenlijk was hij een beetje een opschepper!

Op zijn reizen had de prins gehoord van koning Iobates, die regeerde over een land dat Lycië heette, ten noorden van Griekenland. Deze koning was rijk, bovendien had hij een beeldschone dochter èn hij had gezworen dat zij zou trouwen met degene die in staat was een heel verschrikkelijk, woest, driekoppig monster te doden, dat vuurspuwend en alles vernietigend het land onveilig maakte.

Ik ga naar Lycië, dacht prins Bellerophon, en wel meteen. En hij ging.

Toen de prins aankwam werd hij welkom geheten door koning Iobates en uitgenodigd voor een feest waar over niets anders gepraat werd dan over het driekoppige monster. Nergens anders over.

Het monster werd de Chimera genoemd, en het zag er dan ook raar uit. Vooraan zijn lijf had hij een leeuwenkop, uit het midden groeide een geitenkop en op de plek waar zijn staart hoorde te zitten zat een lange, kronkelende slang. Hij had poten en klauwen als een leeuw, maar het ruige lichaam van een geit. Het griezeligste was, dat het monster uit elk van zijn drie muilen vurige vlammen blies, en stinkende, giftige smook.

'Waar het monster maar komt veroorzaakt het brand en verwoesting', zei de koning. 'Mijn dapperste helden hebben er op gejaagd maar geen is teruggekeerd. Het is onmogelijk om de Chimera te doden!'

'Er moet toch een manier zijn...' mompelde Bellerophon, half in zichzelf. 'Het moet mogelijk zijn.'

Dat beviel de koning maar matig.

'Zo, mooie prins, dus jij zult er wel eens voor zorgen dat wij dat monster kwijtraken!' zei hij. 'Goed! Kom maar weer terug als je het voor elkaar hebt!'

En Bellerophon, de trotse jongeman, keek de koning recht aan en zei: 'Ik zal het proberen!'

Die nacht lag Bellerophon wakker en probeerde een manier te bedenken om de Chimera te doden. Als ik er maar van bovenaf op kon schieten, met pijlen, dacht hij, en zelf net buiten bereik van die helse vlammen en die dodelijke adem blijven. Kon ik maar vliegen... En toen dacht hij aan Pegasus. Ik moet het gevleugelde paard zien te vinden. Hem vangen en temmen.

Nu geloofde Bellerophon net als iedereen, dat het gevleugelde paard aan de goden toebehoorde. Dus nam hij zijn boog en zijn pijlen, ging scheep en zeilde naar Griekenland. Toen hij aankwam ging hij naar de tempel van de godin Athene en bad haar om hulp.

De prins was moe, dus terwijl hij wachtte op een boodschap van de godin ging hij liggen en viel vlak voor het ochtendgloren in slaap. Toen droomde hij, dat een slanke, in het wit geklede vrouw naast hem stond. In haar handen hield zij een gouden paardentoom. 'Neem deze toom', zei ze. 'Hiermee kun je Pegasus temmen. Je zult hem vinden bij de betoverde drinkpoel die hij gemaakt heeft met één stamp van zijn hoef. De poel ligt hoog op de berg Helicon.'

Toen de prins wakker werd, zag hij naast zich op de grond een gouden paardentoom liggen. Hij raapte hem op en bekeek hem zorgvuldig en toen ging hij op weg, met zijn boog over zijn schouder en de toom in zijn hand, om de betoverde poel te vinden.

Hij liep en hij liep. Hij kwam bij de berg en beklom de hellingen en ten slotte vond hij een plek waar koel, helder water uit de grond omhoogborrelde en zich verzamelde in een poel in de vorm van een groot hoefijzer.

Een eindje verderop ging prins Bellerophon zitten, leunend tegen de stam van een knoestige oude olijfboom. Hij wachtte, maar Pegasus kwam niet. Het werd donker en weer viel de prins in slaap.

De volgende ochtend werd hij gewekt door het zware geklapwiek van grote vleugels. Hij keek op, en het was alsof er een enorme, sneeuwwitte vogel naar de berg kwam vliegen, met glinsterende, zilvergepunte vleugels. Maar het was geen vogel. Het was Pegasus.

De vleugels sloegen langzamer en in een glijvlucht daalde het prachtige paard naar beneden en kwam neer naast de poel. Hij vouwde zijn vleugels op, neeg zijn mooie, sneeuwwitte hoofd en begon te drinken.

Langzaam kwam de prins overeind en met de toom in de hand liep hij op zijn tenen naar Pegasus. Het paard keek op, brieste luid, stampte met zijn hoeven en spreidde zijn vleugels uit, klaar om weg te vliegen. Maar toen viel zijn blik op de gouden toom. Onmiddellijk vouwde hij zijn vleugels dicht en wachtte, mak als een lam, tot de prins naast hem stond en het gouden bit in zijn bek liet glijden.

De prins streelde de lange witte manen van het paard en beroerde zacht de vleugels met hun zilveren uiteinden. 'Pegasus, geweldigste van alle paarden', zei hij, 'breng mij naar Lycië en help mij de verschrikkelijke Chimera te doden!'

De prins legde beide handen tussen de gevouwen vleugels en sprong lichtjes op de rug van het paard. Toen hij zat, nam hij de gouden teugels in zijn hand. 'Vlieg nu!' riep hij uit en Pegasus spreidde zijn vleugels, sloeg ze traag op en neer en sprong de lucht in.

Omhoog, omhoog scheerden ze samen en Pegasus vloog sneller en sneller. Wat genoot prins Bellerophon, hoog te paard in de lucht en kijkend naar de wereld beneden hem!

'Dit is de enige goede manier van reizen!' zei hij.

Verder vlogen ze en in een paar uur hadden ze Lycië bereikt. Eerst was het land beneden hen vol kleuren, en vol beweging van mensen en dieren. Er groeiden vruchtbomen en wijnstokken op de heuvelhellingen, er waren helgroene veldjes met groenten, wilde bloemen en korenvelden.

Maar het duurde niet lang of ze kwamen bij een plaats die totaal verwoest was door vuur. Het gras, de bomen, elke plant was zwart. De huizen waren lege, uitgebrande ruïnes. Er waren geen mannen, geen vrouwen, geen kinderen en geen dieren. Alles en iedereen was dood.

Nog vlogen ze verder, uitkijkend naar de Chimera, tot Bellerophon rook zag opstijgen uit de opening van een grot. 'Dat moet het leger van de Chimera zijn', zei de prins. 'Vlieg naar beneden, dan kunnen we een kijkje nemen.'

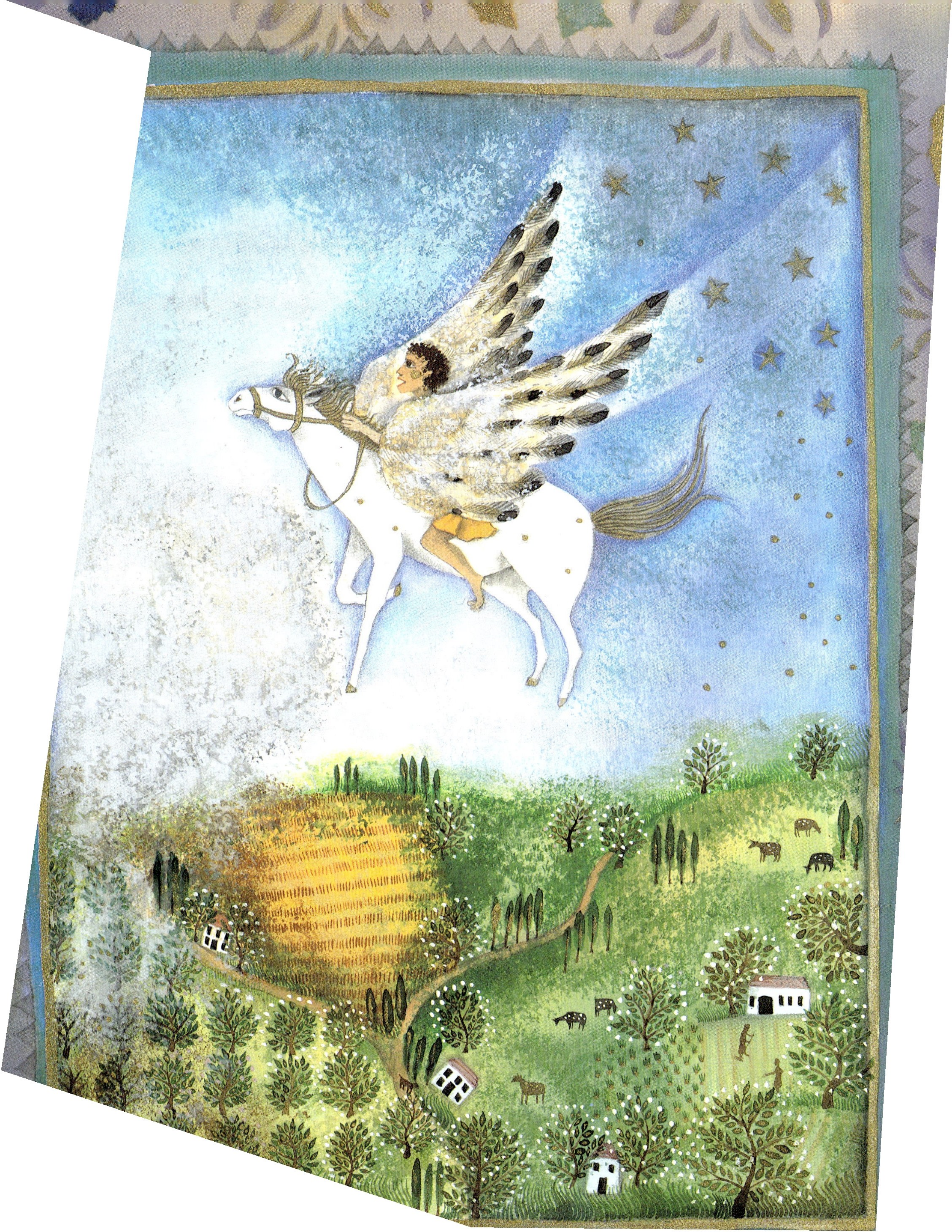

Luid hinnikend schoot Pegasus omlaag. De Chimera hoorde het, stiet een lang en luid gebrul uit als van een leeuw en kwam de grot uitdraven. Toen het monster Pegasus en de prins in het oog kreeg, sprong het omhoog en spoot lange, felle vlammen en giftige smook uit zijn drie muilen. De hitte was bijna niet te verdragen en de stank was meer dan afschuwelijk.

Maar prins Bellerophon liet de gouden teugels los, hield het paard met zijn knieën in bedwang, legde een pijl op zijn boog, mikte, schoot... en raakte de Chimera in zijn leeuwennek. Het monster brulde en braakte nog meer vlammen en smook. De prins kon nog maar nauwelijks ademhalen, en dat zou zijn einde hebben betekend als het wonderbaarlijke paard niet snel opzij en omhoog was gezwenkt tot ze weer in de koele, frisse lucht waren.

Nadat ze allebei een beetje waren bekomen, stuurde de prins Pegasus nog een keer naar beneden, de rook en de vlammen in. Weer mikte de prins, en dit keer schoot hij een pijl in het hart van het monster. Het struikelde, en stuiptrekkend en om en om rollend stortte het monster ter aarde, luid brullend van pijn en razernij.

Toen vlogen paard en ruiter weer omhoog, zweefden in de koele, frisse lucht en wachtten af. Na een poosje werden de vlammen kleiner, de rook begon op te trekken en ze konden zien dat de Chimera op de grond lag, onbeweeglijk en stil. Het monster was dood.

Liefdevol klopte de prins Pegasus op de nek. 'Prachtig paard', zei hij, 'onze taak is volbracht; breng me nu maar naar het paleis van koning Iobates.' En hij trok de gouden teugels strak en daar gingen ze, hoog door de lucht.

Je kunt je wel voorstellen, dat toen de prins met Pegasus naar het paleis terugkeerde en aan de koning vertelde dat de Chimera dood was, iedereen zich verheugde en hem gelukwenste en dat er een groot feest werd aangericht om het te vieren. Ze waren allemaal zo blij dat die verschrikkelijke Chimera dood was en dat de rest van het land voor vernietiging bewaard was gebleven.

En verder? Niet lang daarna trouwde de knappe prins met de enige dochter van de koning en werd hij bovendien erfgenaam van het koninkrijk! En natuurlijk had hij nog steeds de gouden toom in zijn bezit en reed hij dikwijls op het wonderbaarlijke paard Pegasus. En prins Bellerophon was gelukkig.

En dat had het eind van het verhaal moeten zijn. Maar, weet je nog, de prins had altijd nogal een hoge dunk van zichzelf gehad en vond dat hij alles kon. Wel, naarmate de tijd verstreek werd hij een nog grotere opschepper! En dan zei hij: 'Wie heeft de Chimera gedood? Ik! Is er iemand ter wereld die een paard heeft zoals ik? Niemand!

Ik ben... als de goden!'

Hij bleef zichzelf maar voorhouden hoe verbluffend knap en belangrijk hij was, tot hij op een dag besloot om de goden een bezoek te brengen in hun aardse verblijf op de berg Olympus. Dus deed hij het paard zijn gouden toom aan, steeg op en beval het naar de Olympus te vliegen.

Pegasus vloog op en ging hoger en hoger. Toen zette hij koers naar de berg Olympus en vloog verder.

Maar voor de goden blijft niets verborgen. En Zeus, de koning van de goden, was boos. 'Dus deze trotse jongeman denkt dat hij is als de goden', zei hij.

En hij stuurde een vliegend insect met een heel gemene angel en die stak Pegasus, en Pegasus schrok daar zo van dat hij steigerde en prins Bellerophon afwierp. De prins viel, diep, diep naar beneden tot hij de grond raakte en stierf.

Maar Pegasus zette zijn reis voort. Toen hij ten slotte de Olympus bereikte, heetten de goden hem welkom en Zeus eiste hem op voor zijn eigen speciale doeleinden.

'Pegasus', zei hij, 'als ik in de hemel het onweer maak, dan moet jij de donder en de bliksemschichten voor me dragen.'

En zo, tot op de huidige dag, doet Pegasus zijn werk voor Zeus. Dus als de donder rolt en de bliksem flitst, kijk dan eens naar de lucht en als je geluk hebt zul je misschien een glimp zien van Pegasus, het gevleugelde paard, dat langs de hemel snelt.

Een Griekse mythe

De Zeemeermin

Een zeemeermin moet je nooit aankijken

Er was eens een jonge visser die Lutey heette, en op een dag stond hij oog in oog met een zeemeermin. Nou, dat is een zeldzaam iets wat maar weinig mensen overkomt. En het is nog zeldzamer als je het kunt navertellen. Maar bij Lutey gebeurde dat.

Lutey woonde in een huisje dat over de zee uitkeek, samen met zijn vrouw, drie flinke zonen en een lieve, grote, bruine lobbes van een hond die Towser heette. En op een ochtend ging Lutey een stukje wandelen op het strand, met Towser achter zich aan.

Het was laag water, en het geribbelde zand was nog nat. Het enige geluid was het gekabbel van de golfjes die op het strand rolden. Toen hoorde Lutey plotseling een vreemd, klaaglijk geroep: 'Ooo-ooo!' Het kwam ergens achter een paar rotsen vandaan die op het strand uitstaken. Wat kon dat zijn?

Hij haastte zich erheen. Achter de rotsen was een ondiepe poel, omringd door nog meer rotsen en van de zee gescheiden door een brede strook zand. Lutey snakte naar adem. Hij kon zijn ogen niet geloven. Op een van de rotsen zat een zeemeermin. Ze was het mooiste schepsel dat hij ooit gezien had. Haar huid was blank en glad als marmer. Ze had lang, goudkleurig haar en een prachtige, buigzame, blauw-groene staart die zacht glansde in de ochtendzon.

Zodra ze hem zag riep ze: 'Heb medelijden, goede man, help mij!'

Lutey wist dat zeemeerminnen schepsels waren die ongeluk brachten. Hij kende het gezegde van de vissers 'kijk een zeemeermin nooit aan!' Maar ze was zo mooi, dat hij zijn ogen niet van haar af kon houden.

'Mijn naam is Lutey', zei hij, 'maar wie ben jij? En hoe kan ik je helpen?'

'Ik heet Morvena', antwoordde ze. 'En terwijl ik hier zat werd ik zo in beslag genomen door het kammen van mijn haar en het kijken naar mezelf in het water, dat ik niet in de gaten had dat het eb werd. Nu kan ik niet terug naar de zee tenzij... tenzij, Lutey, jij me over het zand draagt. Als je dat wilt doen, zal ik je goed betalen.'

Lutey lachte. 'Wat zou jij mij nu kunnen geven?'

'Ik kan je drie wensen geven', antwoordde ze.

'Drie wensen! Oh! Ik weet al wat ik wil! Daar heb ik dikwijls over nagedacht!' riep Lutey uit. 'Geen geld, nee, dat niet.'

'Denk goed na', zei de zeemeermin. 'Denk heel goed na. En kies dan wat je wilt.'

'Wat ik zou willen', zei Lutey kalm, 'is het vermogen om mensen te genezen als ze ziek zijn en ze weer sterk en gezond te maken.'

'Een genezer. Het geschenk is voor jou', zei ze. 'En wat nog meer?'

'Ik zou willen', zei hij, 'het vermogen om boze betoveringen te verbreken waar de mensen kwaadwillig van worden zodat ze ruzie gaan maken en elkaar pijn doen.'

'Een vredestichter. Het geschenk is voor jou', zei ze. 'En dan nog een?'

'Ik zou willen dat deze vermogens bewaard bleven als ik gestorven ben', zei Lutey. 'Ik zou willen dat ze voor altijd in mijn familie werden doorgegeven.'

'Het geschenk is voor jou', zei ze. 'Draag me dan nu naar de zee.'

Ze strekte haar blanke armen uit en sloeg ze om Lutey's nek. Maar terwijl hij haar optilde begon Towser te janken. Het was een laag, langgerekt, akelig gejank.

Toen werd Lutey bang. 'Hoe weet ik dat je mij geen kwaad zult doen?' vroeg hij.

Morvena haalde een gouden kam uit haar haar, met heel fijne versieringen erop en bezet met piepkleine pareltjes. 'Neem dit als een teken', zei zij. En ze glimlachte naar hem en Lutey vergat zijn vrees.

'Dat is echt een prachtding!' zei hij en liet het in zijn broekzak glijden, waar hij ook andere dingen bewaarde – een eindje touw, een zakmes en dergelijke.

En toen begon Morvena te zingen. Ze zong over geheime grotten en betoverde paleizen onder de zee. Ze zong over een leven vrij van pijn, dood en verdriet. Als in een droom begon Lutey over het zand te lopen, en zijn hond Towser volgde, nog steeds jankend. Maar Lutey had alleen maar oren voor de zeemeermin en haar gezang.

Hij kwam bij de zee en waadde er in. Maar Towser volgde niet. Hij bleef aan de kant van het water staan, nog steeds jankend.

Lutey waadde verder, tot het water tot zijn liezen kwam. 'Nu kun je wegzwemmen', zei hij.

'Dieper, dieper', zong Morvena. 'Breng me dieper.'

Hij waadde verder tot het water tot aan zijn borst kwam. 'Nu moet je gaan zwemmen', zei hij.

Maar Morvena zong alleen maar: 'Dieper, dieper... breng me dieper.'

Hij waadde verder tot het water aan zijn schouders kwam. 'Ik kan niet verder gaan', zei hij, en probeerde haar in het water te laten zakken. Maar ze klemde haar armen nog vaster om zijn hals, sloeg haar staart om zijn benen en zong in zijn oor.

'Kom, kom... kom met mij mee', zong ze. En ze zong en zong, tot het enige wat Lutey nog wilde was met haar meegaan.

En toen begon Towser te blaffen. Hij blafte en blafte, wild en hard, tot de kust weerkaatste van zijn geblaf. Ten slotte hoorde Lutey hem, hij keek om en zag zijn lieve, grote, bruine lobbes van een hond aan de rand van het water staan. Lutey keek langs hem heen en zag zijn drie levenslustige zoons en zijn eigen lieve vrouw staan bij de deur van zijn huisje.

'Laat me gaan!' riep hij. 'Ik kan mijn gezin niet in de steek laten en met jou meekomen!'

Maar Morvena verstevigde haar greep en probeerde zijn hoofd onder water te trekken. Lutey stribbelde tegen, maar hoewel de zeemeermin licht was en heel tenger leek, was ze sterker dan hij.

(Neville) I.
Reef
St David Is
(Freewill Is)
Good Hope
Equator
Schouten
MARCA DEPOSITATA

Hij kon nog maar één ding doen. Hij tastte in zijn broekzak en haalde zijn mes eruit. Hij knipte het open en hield het boven het water. 'Bij de macht van het ijzer', riep hij, 'laat me gaan.'

Onmiddellijk liet ze haar greep verslappen. 'Ah, Lutey', zuchtte ze, 'je bent slimmer dan ik dacht. Je wist dat de macht van het ijzer groter is dan alle betoveringen.' Langzaam zwom ze om hem heen. 'Vaarwel, mijn mooie man', zei ze. 'Vaarwel voor negen lange jaren... en dan zullen we elkaar weer ontmoeten.' En toen ze dat gezegd had verdween ze onder de golven.

Lutey beefde. Het leek alsof al zijn kracht uit hem gezogen was. Maar hij haalde diep adem, liet zijn zakmes weer terugglijden op zijn gewone plaats en waadde terug naar het land.

Toen hij het strand bereikte danste Towser met grote sprongen om hem heen en tegen hem op, likte hem overal en kwispelde als een dolle met zijn staart. Lutey beklopte hem liefdevol. 'Beste hond!' zei hij. 'Zonder jou was ik verloren geweest!'

Toen Lutey zijn huisje bereikte, doorweekt tot op zijn huid, was er natuurlijk wel het een en ander uit te leggen.

'Wat is er gebeurd?' vroeg zijn vrouw.

'Dat is een lang verhaal', antwoordde Lutey. 'Wacht even tot ik weer warm en droog ben, dan zal ik het vertellen.'

Wat later, toen hij bij het vuur zat en zich warmde, vertelde Lutey zijn vrouw en zijn kinderen, die met grote ogen zaten te luisteren, over de zeemeermin, en ten slotte haalde hij de kam uit zijn zak.

'Dus het verhaal is waar', fluisterde zijn vrouw. 'Maar die drie wensen, ik vraag me af of die in vervulling zullen gaan?'

Dat deden ze. Lutey merkte dat als er iemand ziek was, hij op de een of andere manier wist welke kruiden en aftreksels en poeders hij moest mengen voor de juiste medicijn om die persoon te genezen. Zelfs zijn aanraking had genezende kracht.

Bovendien werd Lutey een vredestichter. Wanneer er ruzie of onenigheid was, of als er wat gestolen was, kwamen de mensen naar Lutey en op de een of andere manier kende hij de ware toedracht en stichtte vrede.

Wijd en zijd raakten zijn gaven bekend, en mannen, vrouwen en kinderen kwamen van heinde en ver om zijn hulp in te roepen. En Lutey gaf die met gulle hand. Dus rijk werd hij nooit. Hij bleef gewoon een visser die van de zee en van het vissen hield, en toen zijn zoons opgroeiden werden ook zij vissers.

Negen jaren gingen voorbij. Negen gelukkige jaren. Maar toen, op een late avond, ging Lutey in hun kleine boot uit vissen met Tom, zijn oudste zoon.

Er was geen wind. De zee was rustig en stil... tot er zonder enige waarschuwing een gigantische golf op hen af kwam rollen. Lutey en Tom klampten zich stevig vast toen de golf hun kleine boot opnam en weer omlaag wierp. En zodra de golf voorbij was, steeg er een zeemeermin op uit het water. Het was Morvena.

'De tijd is gekomen', zong ze. 'Nu ben je de mijne, Lutey, mijn geliefde man.'

Langzaam en zonder een woord kwam Lutey overeind, dook in het water en was verdwenen. En langzaam en zonder een woord liet de zeemeermin zich onder water zakken. Het laatste wat Tom van haar zag was haar lange, goudkleurige haar, dat zich over het water uitspreidde, en toen was ook dat verdwenen.

Lutey zelf werd nooit meer gezien. Maar van die tijd af had Tom, zijn oudste zoon, de gave van de genezing, en ook hij werd een vredestichter. En deze gaven werden in Lutey's nakomelingen doorgegeven tot de dag van vandaag.

Maar Morvena eist een hoge prijs voor haar gaven. Elke negen jaar en met de regelmaat van het getij wordt een van Lutey's afstammelingen op zee vermist en nooit weergezien. Misschien zijn ze naar Lutey en de zeemeermin gegaan, naar de betoverde wereld onder de zee. Niemand weet het zeker.

Een Engels verhaal uit Cornwall

De Eenhoorn

De eenhoorn gaat zijn eigen weg

De eenhoorn is een prachtig, geheimzinnig dier, dat altijd zijn eigen weg gaat. Hij wordt maar zelden gezien. Maar eens – en dat was ook maar één keer – liet de eenhoorn zich zien bij de andere dieren. En die ene keer schonk hij hun zijn vreemde, magische krachten.

Ver, heel ver weg was er een bos en onder de lommerrijke bomen lag een poel met helder, zoet water. Het was de poel van de dieren waar ze allemaal kwamen drinken.

Nu was er al maandenlang geen regen gevallen en de zon had voortdurend geschenen, heet en fel. De beken en rivieren droogden op. Het gras werd bruin-geel. Zelfs het onkruid verdroogde en ging dood. Maar de drinkpoel van de dieren, onder de schaduw van de bomen, bleef tot de rand toe vol. Dat mankeerde nooit. En dus was er voor de dieren genoeg water om te drinken.

Tot op een dag een slang uit een grot kwam kronkelen. Hij gleed snel over het droge gras, het bos in en regelrecht naar de drinkpoel van de dieren. Toen hij bij de rand van het water kwam hief hij langzaam zijn kop op, zwaaide ermee van links naar rechts en liet een straal dodelijk gif uit zijn bek spuiten. Het bleef drijven als olie en vormde een laagje op het oppervlak van de hele drinkpoel. En net zo snel als hij gekomen was ging de slang weer weg, terug naar zijn grot.

Waarom deed de slang dat nu? Omdat hij slecht was. Omdat hij er zin in had. En omdat hij om niets of niemand iets gaf behalve om zichzelf. Dat was de reden.

Op hun gewone tijd kwamen ieder op hun beurt de dieren naar de drinkpoel, alleen of in paren of in rustige kleine kudden. Maar zodra ze bij de kant kwamen, roken ze het gif en zagen het drijven op het oppervlak, en ze wisten dat ze zouden sterven als ze dat binnenkregen.

Sommige dieren waren zo van hun stuk gebracht dat

ze stilletjes kermden. Andere dieren jankten en brulden van woede. Niet één keerde zich om en ging weg.

Tegen de avond was er een enorme menigte rond de poel verzameld. Dieren die anders beslist geen vrienden van elkaar waren, en die nooit of te nimmer samen dronken stonden naast elkaar: de leeuw, de buffel en de antiloop, de wolf, de kameel, de ezel en de schapen en nog een heleboel meer.

De nacht viel, de maan rees aan de hemel en er kwamen nog meer beesten. Van tijd tot tijd begonnen er een paar te schreeuwen en anderen stemden in met het luide, klaaglijke geroep. En het roepen werd steeds sterker. Was er niemand die hen kon helpen?

De eenhoorn, de schone, die altijd zijn eigen weg gaat, was ver weg, maar ten slotte hoorde hij het roepen van de dieren. Hij luisterde, zette zich in beweging en kwam aandraven, eerst langzaam, maar steeds sneller, in een galop sneller dan de wind.

Toen hij bij het bos kwam, vertraagde hij zijn pas en zocht voorzichtig stappend zijn weg tussen de bomen. Hij zag de dieren die zich verzameld hadden rond de drinkpoel. Hij rook het gif. En toen wist hij alles.

De eenhoorn knielde bij de poel, boog zijn hoofd en doopte zijn lange, spitse hoorn in het water, dieper en dieper, tot hij helemaal onder was. Hij wachtte een ogenblik, en tilde toen langzaam zijn hoorn weer uit het water. Hij stond op. De magische hoorn had zijn werk gedaan. Het gif was weg. Het water was weer zuiver en zoet.

Zonder enig gedrang, geduw of geruzie bogen de dieren hun kop en dronken. Toen hun dorst gelest was en

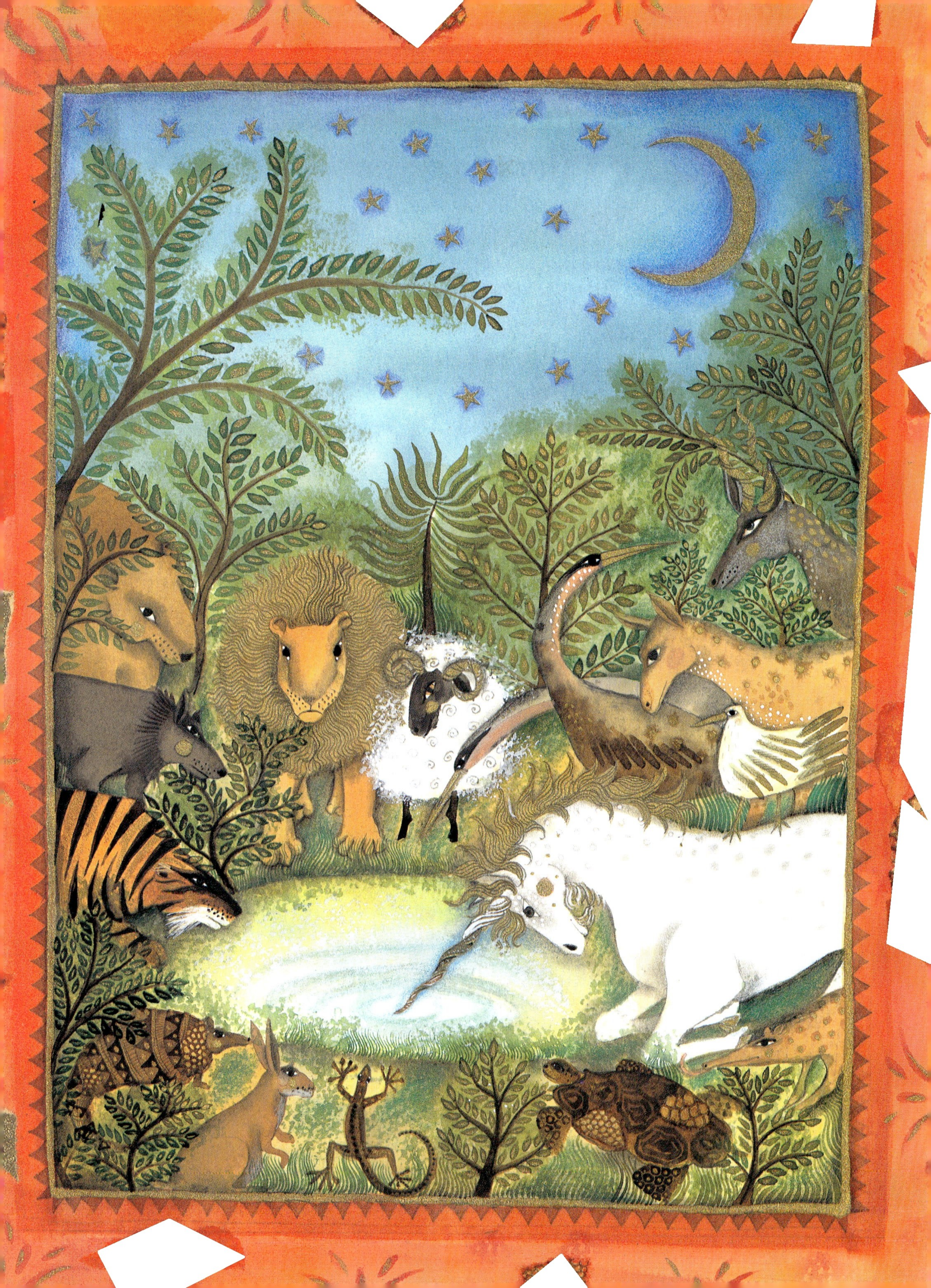

hun krachten hersteld waren, brachten ze allemaal eenstemmig hun dank aan de eenhoorn tot uiting.

Maar die was er niet meer. Hij was weggegaan terwijl ze aan het drinken waren. Zijn werk was gedaan. Hij had niemand nodig. Hij was de eenhoorn die zijn eigen weg gaat.

Een Europees verhaal

De Dondervogel

De dondervogel met zijn groene klauwen

Alle mensen zijn bang van de dondervogel. Als hij komt overvliegen, kruipt iedereen weg. Als hij met zijn enorme vleugels klapt, rommelt de donder. Als hij knippert met zijn flikkerende ogen zigzagt de bliksem naar de aarde. Hij kan bomen vellen en ze in stukken breken. Hij kan mensen treffen en dan sterven ze.

Maar lang geleden was de dondervogel nog angstwekkender dan tegenwoordig. Toen had hij een afgrijselijke gewoonte. Hij stal mooie meisjes. Als hij er een in het oog kreeg, liet hij zich gewoon vallen, greep het meisje met zijn lange, groene klauwen en droeg haar dan naar zijn verborgen verblijfplaats hoog in de bergen.

Op een dag in die langvervlogen tijd liepen een krijger die Lange Pijl heette, en zijn jonge mooie vrouw Rode Bloem, langs een rivier, toen er dikke, zwarte wolken langs de hemel kwamen aanrollen. Ze hoorden het gerommel van verre donder en het begon te regenen. Toen wisten ze dat de dondervogel er aan kwam en dat ze zich moesten verstoppen.

Ze holden naar hun kamp. Ze holden en holden, zo snel als ze konden. Maar de dondervogel was sneller. Algauw was hij boven hun hoofd, zijn vleugels sloegen met het geraas van oorverdovende donderslagen, terwijl overal om hen heen de bliksem flitste en knetterde.

De dondervogel zag Rode Bloem en hij schoot omlaag. Hij pakte haar op met zijn lange groene klauwen en vloog weg.

Lange Pijl was door de felle bliksem verdoofd en op de grond geworpen. Maar dood was hij niet en na een poosje opende hij zijn ogen. Het onweer was voorbij en de aarde rook zoet en fris. Maar waar was zijn mooie vrouw? Hij keek om zich heen. Er waren geen voetafdrukken. Geen teken dat ze was weggegaan. Toen wist hij dat de dondervogel haar had meegenomen.

Lange Pijl was bedroefd. Hij keerde het kamp de rug toe en liep weg naar de heuvels om alleen te zijn. De nacht viel, maar hij ging niet slapen. Hij zat roerloos en zwijgend op een helling en dacht na.

Tegen de tijd dat de zon opkwam in de ochtendhemel had Lange Pijl besloten wat hem te doen stond. Met grote stappen liep hij terug naar zijn tipi en vulde een zachte leren tas met voedsel voor een reis. Hij nam zijn boog en pijlen en tegen zijn familie en vrienden zei hij: 'De dondervogel heeft Rode Bloem gestolen. Nu moet ik het spoor gaan zoeken dat leidt naar zijn geheime schuilplaats hoog in de bergen en hem dwingen mijn mooie vrouw aan mij terug te geven.'

Al zijn vrienden en familie zeiden: 'Ga toch niet! Je kunt haar niet redden! Als je hem vindt, zal hij je zeker doden!'

Maar Lange Pijl klemde zijn kaken opeen en vertrok in de richting van de bergen. Hij kende echter het spoor niet dat naar de geheime schuilplaats van de dondervogel leidde. Elk dier dat hij onderweg tegenkwam vroeg hij om hulp – de slimme coyote, de grizzly-beer, de vogels die zo ver vliegen en de onbevreesde wolf – allemaal vroeg hij hun ernaar. Maar geen van hen kende het spoor. En allemaal zeiden ze hetzelfde: 'Keer terug! Ga niet! Als je hem vindt, zal hij je zeker doden!'

Maar Lange Pijl ging voort. Hij kwam bij de bergen, en nog ging hij verder, tot hij halverwege op de helling van de hoogste berg bij een tipi kwam. Daarbuiten stond de raaf, de wijze. Hij begroette de vreemdeling, nodigde hem binnen in zijn tipi, spreidde een deken uit en bood hem voedsel aan.

Toen Lange Pijl gegeten had, sprak hij over zijn mooie vrouw en vroeg de wijze raaf of hij het spoor kende dat naar de geheime schuilplaats van de dondervogel leidde.

'Je bent er dichtbij', zei de raaf. 'Hij woont aan het spoor dat omhooggaat naar de top van deze berg. Hij heeft een vreemde tipi, niet van bizonvel maar van steen, en binnen aan de muren hangen heel veel ogen, twee aan twee. Daar verbergt hij de mooie meisjes die hij gestolen heeft – in die ogen! Niemand behalve ik, de raaf, is machtiger dan de dondervogel en alleen ik kan zijn tipi binnengaan en het overleven.'

'Ik ben bang', zei Lange Pijl. 'Help mij, raaf.'

'Neem dit', zei de raaf. 'Dit is sterke medicijn.'

En hij gaf Lange Pijl een van zijn grote zwarte veren en een pijl met een schacht gemaakt van het gewei van een eland. 'Als je met mijn veer naar de dondervogel wijst, kan hij je geen kwaad doen. En als je deze pijl door de muur van zijn tipi schiet, zul je macht over hem hebben.'

'Ik ben nog steeds bang', zei Lange Pijl.

'Zo – dus je gelooft niet in mijn sterke medicijn', zei de raaf. 'Kom mee, dan zal ik je eens wat laten zien.' Ze gingen naar buiten en de raaf zei: 'Vertel me eens hoever je gereisd hebt.'

'Ik was bedroefd en heb niet geteld hoeveel keer ik onderweg geslapen heb', zei Lange Pijl, 'maar het spoor was lang. Sinds ik vertrokken ben zijn de bessen aan de struiken gekomen en rijp geworden.'

De raaf gaf hem een zalfje en zei hem dit in zijn ogen te wrijven en dan terug te kijken in de richting van zijn thuis.

Zodra Lange Pijl dat gedaan had, riep hij opgewonden uit: 'Ik kan mijn kamp zien! Ik kan de mensen zien, de kinderen, de honden en zelfs de rook die opstijgt uit de tipi's.' Hij wendde zich tot de raaf en zei: 'Nu is mijn angst voorbij.'

Lange Pijl nam de veer en de pijl van de raaf aan en volgde het spoor dat leidde naar de bergtop. Vlak onder de piek kwam hij bij wat er uitzag als een reusachtig grote tipi. Een tipi van steen.

Lange Pijl trad binnen, en hoewel het erg somber en duister was, kon hij de dondervogel onderscheiden, zittend op de grond. Hij was geweldig groot.

'Geen die mijn geheime schuilplaats binnenkomt overleeft het', zei de dondervogel en zijn ogen begonnen te flikkeren. Toen zag hij dat Lange Pijl naar hem wees met de veer van de raaf. Er voer een rilling door de dondervogel. 'Je hebt sterke medicijn', zei hij.

'Je hebt mijn mooie vrouw, Rode Bloem, gestolen', zei Lange Pijl. 'En ik ben gekomen om haar te halen.'

'Ze is van mij!' antwoordde de dondervogel. 'Je kunt haar niet krijgen.'

Lange Pijl nam zijn boog en schoot de pijl die hij van de raaf gekregen had naar de muur van de tipi. De pijl vloog dwars door het steen heen en maakte zo'n groot gat dat de zon naar binnen scheen en de ruimte verlichtte.

Nu kon Lange Pijl de regenboogkleurige veren van de dondervogel zien, zijn gebogen snavel, zijn glanzende ogen en zijn lange groene klauwen. En ook kon hij zien dat er aan de muur een heleboel ogen hingen, twee aan twee.

'Jij hebt de macht van de raaf', zei de dondervogel. 'Dus moet ik je geven wat je wilt. Zoek je vrouw maar op en neem haar mee.'

Lange Pijl kende de lieve ogen van Rode Bloem. Hij tilde het koord op waar ze aan hingen en daar stond ze voor hem, nog altijd even mooi.

'Kom niet weer naar mijn volk!' zei Lange Pijl. 'Wij

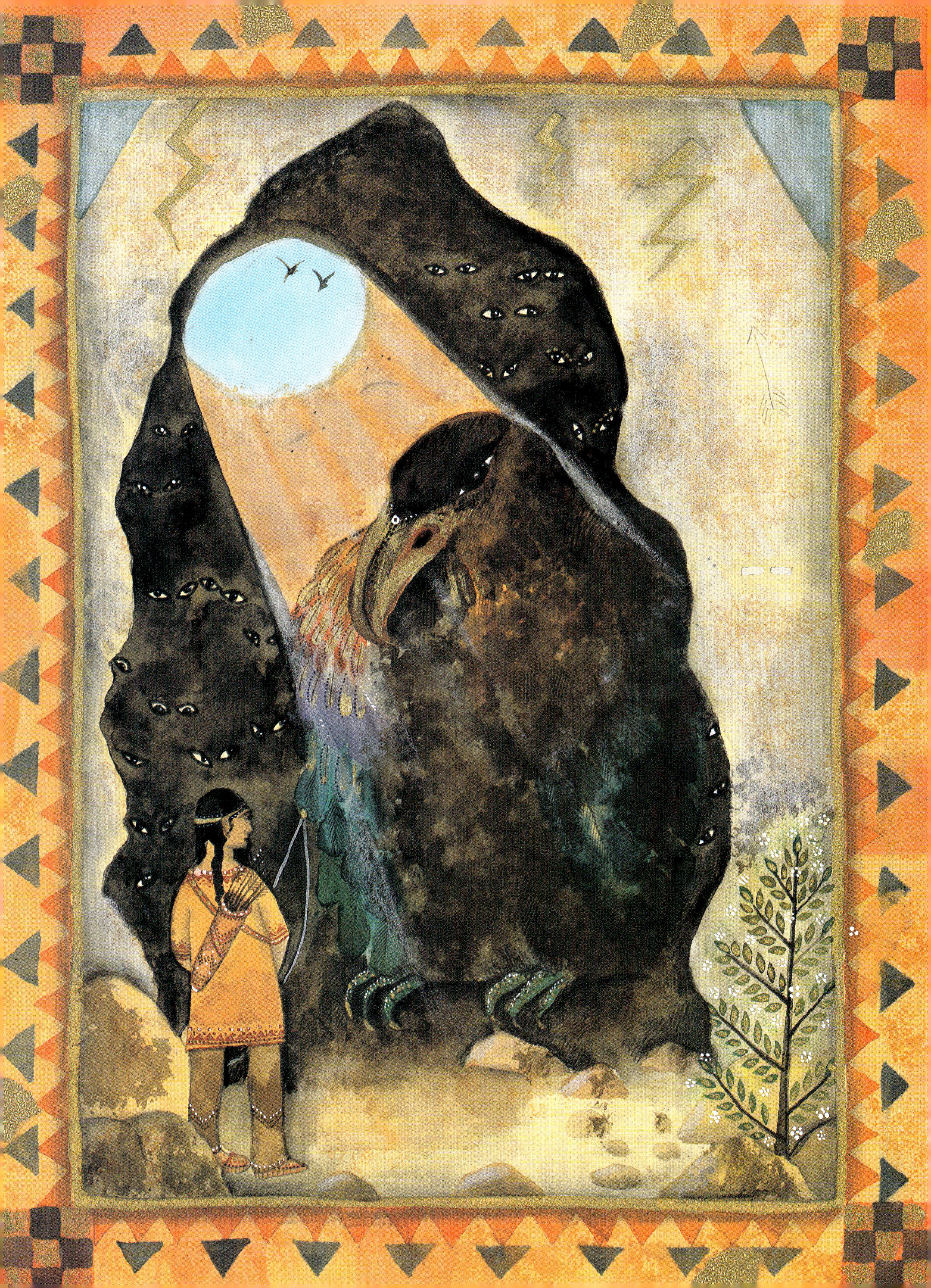

willen je niet meer zien of horen!'

'Maar zonder mij kunnen jullie niet leven', antwoordde de dondervogel. 'Ik maak het onweer van de lente en de zomer. Ik breng de regen die het gras groen maakt en de bessen vult met sap. Zonder regen zouden ze verrimpelen en doodgaan.'

'Kom dan en breng ons regen', zei Lange Pijl. 'Maar beloof, dat je onze mooie meisjes niet zult stelen, en probeer niemand van ons volk te raken met je bliksem.'

'Neem dit. Het is heilige medicijn', zei de dondervogel, en gaf hem een houten pijp met een lange, gebogen, beschilderde steel. 'Als de ganzen in de lente naar het noorden komen vliegen, moeten jij en je volk de pijp opsteken en hem roken en tot mij bidden. En met het opstijgen van de rook zal ik eraan denken dat ik jullie mooie meisjes niet mee moet nemen en dat ik moet proberen jullie volk geen kwaad te doen.'

Toen nam Lange Pijl de medicijnpijp van de dondervogel aan. En hij en Rode Bloem verlieten de geheime schuilplaats hoog op de berg en volgden het spoor dat terugvoerde naar hun eigen kamp. Onderweg moesten ze vele malen slapen. Maar het leek niet ver, omdat ze bij elkaar waren en gelukkig.

Dit is lang geleden gebeurd. Maar nog altijd bidden de mensen iedere lente tot de dondervogel en vragen hem geen van hun volk te treffen met zijn bliksem. Dan roken ze de medicijnpijp, laten hem van hand tot hand gaan en de rook kringelt zachtjes omhoog. En de dondervogel hoort en verhoort hun gebeden.

Een Noord-Amerikaans Indiaans verhaal

De Draak

De vissen bij de Drakenpoort

In China zijn er honderden draken. Elk watertje en elke rivier heeft zijn eigen draak, en in de zee zijn er nog een heleboel meer. Het zijn geen woeste draken, en ze eten ook geen mensen – gelukkig maar, want er zijn er zoveel. Hoe komt het eigenlijk dat er zoveel draken in China zijn?

Lang geleden was er in China een overstroming. Het was net zo'n soort overstroming als de zondvloed uit de Bijbel, toen Noach zijn grote boot bouwde. Maar in China kwam het door twee grote helden en een beetje magische klei dat sommige mensen en dieren van het water gered werden, en natuurlijk spelen de Chinese draken ook een rol in het verhaal.

De Gele Keizer, de allerhoogste hemelgod, was boos. 'De mensen blijven maar slechte dingen doen', zei hij. 'Ik wil van ze af! En dat zal gebeuren ook. Nu!' En hij gaf de regengod bevel om regen te maken, regen die niet meer ophield.

Dat stond de regengod geweldig aan en hij haastte zich langs de hemel, klopte grote, zwarte wolken op en wierp stromen regen naar beneden. Hij gunde zich geen moment rust. Hij hield van zijn werk.

En zo bleef het zonder ophouden regenen op aarde en er was een grote overstroming. Huizen, planten en zelfs bomen werden weggevaagd en duizenden mensen en dieren verdronken. Enkele gezinnen vluchtten de bergen in en slaagden erin te overleven. Maar zelfs zij waren bang, toen ze zagen dat het water elke dag hoger steeg.

Van alle goden was er maar één – Kun, de kleinzoon van de Gele Keizer – die uit de hemel naar beneden keek en diep medelijden had met de mensen. Hij ging naar het paleis van zijn grootvader en pleitte voor de mensen. 'Heer van de Hemelen', zei hij. 'Laat die eindeloze regen ophouden. Laat niet nog meer mensen sterven.'

Maar de Gele Keizer was nog altijd boos; hij deed gewoon zijn ogen dicht, haalde diep adem en keerde zich af.

Toen Kun hoofdschuddend en bedrukt het paleis uitliep, kwam er een oude zwarte schildpad op hem af hobbelen.

'Wat is er aan de hand?' vroeg de schildpad.

'Ik wil niet dat er nog meer mensen verdrinken', zei Kun. 'Maar ik weet niet hoe ik hen moet helpen.'

'Magische klei! Dat is wat je nodig hebt!' zei de schildpad. 'Daar moet je wat van over het water strooien en dan zul je eens zien wat er gebeurt!'

'Waar kan ik die klei krijgen?' vroeg Kun.

'Geen probleem!' zei de schildpad. 'De Gele Keizer heeft een grote pot vol in het gebouw waar hij zijn schatten bewaart.'

'Maar mij zal hij er niets van geven', zei Kun. 'Hij wil niet dat de overstroming ophoudt.'

'Dan...' zei de schildpad, en hij liet zijn stem dalen tot een gefluister, 'dan... zul je er wat van moeten stelen!'

Kun was een god. Het volgende ogenblik was hij in het gebouw waar zijn grootvader zijn schatten bewaarde. Algauw vond hij een hoge pot vol zachte, groenige klei; hij nam er een handvol uit en stond enkele ogenblikken later weer buiten.

Zo snel als de gedachte was hij op aarde, staande op een berghelling, en de onophoudelijke regen spetterde op zijn hoofd. Hij brak een klein stukje klei af en strooide het op het water. Het was werkelijk magische klei! Het werd twee keer zo veel, en nog eens twee keer zo veel en nog eens. Het bleef maar zwellen, en tegelijkertijd zoog het het water op als een spons. Het duurde niet lang of er was een eiland.

Kun werkte snel door, ging van plaats tot plaats en strooide magische klei op het water, maakte nog meer eilanden en grote landruggen tussen de bergen. De mensen kwamen te voorschijn uit de grotten en hutten waar ze geschuild hadden en keken naar hem. Eindelijk kregen ze weer een beetje hoop... misschien zou de vloed niet alles overspoelen.

Maar de regen viel nog steeds, en daar kwam nog bij dat voordat Kun alle klei had opgebruikt, de Gele Keizer hem in de gaten kreeg en zag wat er allemaal gebeurde.

'Kun moet sterven!' zei de Gele Keizer en hij gaf de vuurgod bevel om dit uit te voeren. Toen Kun de vuurgod zag komen, veranderde hij zichzelf in een wit paard en trachtte zich te verstoppen tussen de rotsblokken bovenop een berg. Maar de vuurgod slingerde een bliksemschicht en Kun, het witte paard, viel als dood neer.

De tijd verstreek. Kun, het witte paard, bewoog. Er groeide iets in hem. Er voer een rilling door hem heen, en uit zijn lichaam kwam nieuw leven te voorschijn – een gouden draak – jong, sterk en schitterend.

Toen stierf Kun ten slotte, de dappere held. Maar zijn zoon, die zichzelf Yu noemde, vloog op naar de hemel. Hij trad het paleis van de Gele Keizer binnen, boog zijn drakenhoofd en sprak zacht en vol eerbied:

'Grote Heer van de Hemelen', zei hij. 'Ik ben Yu, de zoon van Kun, in de wereld gezonden om zijn werk te voleinden. Vereerde Overgrootvader, de mensen hebben veel geleden en hebben verdriet. Heb medelijden met hen en laat de regen ophouden.'

De Gele Keizer luisterde. Zijn woede bekoelde. 'Gouden Draak', zei hij, 'van nu af aan zul jij de regengod zijn. Maar dat is niet het enige. Ik zal je wat magische klei geven om nieuw land te maken en het teveel aan water op te zuigen.'

De Gele Keizer wees op een schildpad die in een hoek stond te luisteren. Het was dezelfde oude, zwarte schildpad die Kun geholpen had! De Gele Keizer glimlachte en zei: 'Je mag net zoveel magische klei nemen als je op de rug van die schildpad kunt leggen.'

Yu, de gouden draak, boog zijn hoofd. 'Ik dank u, Overgrootvader', zei hij.

Er was een hoop te doen. Snel vloog Yu daarvandaan, brak de wolken uiteen, joeg ze alle kanten op en blies ze weg. Terwijl hij hiermee bezig was, stond hij ineens oog in oog met de oude regengod, die geweldig het land had. Hij had het heerlijk gevonden om regen te maken die niet meer ophield, en hij had geen zin om zijn werk op te geven. Maar de Gele Keizer moest gehoorzaamd worden. Er bleef de regengod niets anders over dan mopperen en klagen.

Toen ten slotte de regen ophield op aarde te stromen, stapelde Yu wat van de magische klei op de rug van de schildpad en met zijn tweeën kwamen ze naar de aarde.

Nog steeds was er een hoop te doen. Yu en de schildpad reisden door het land van China en strooiden magische klei, waarmee ze nieuw land maakten en waardoor tegelijkertijd het water werd opgezogen.

Toen alle magische klei opgebruikt was, zei Yu tot de schildpad: 'Nu is er nog één ding over! We moeten een paar rivieren maken!

De schildpad wees de weg en de draak gebruikte zijn staart om diepe voren te ploegen door de zachte, modderige grond, van de bergen naar de zee.

Het was heel gemakkelijk. Er was maar één moeilijk stuk. Toen Yu in Noord-China de loop van de Gele Rivier ploegde, kwam hij bij een plaats waar een paar grote rotsen in de weg stonden. Yu dacht een ogenblik na, toen draaide hij zich om, geselde de rotsen met zijn staart en sneed er een diepe kloof doorheen.

'Deze plek zal de Drakenpoort genoemd worden', zei hij. 'Hij zal voor altijd gewijd zijn aan de draken.'

Op deze manier maakte Yu, de gouden draak, de grote rivieren die tegenwoordig dwars door China stromen. Ook wordt er verteld, dat de verkleumde, verdrietige, hongerige mensen zich eindelijk naar buiten waagden uit hun grotten en hutten in de bergen, waarin ze voor de eindeloze regens hadden geschuild, en dat ze aan Yu vroegen of hij hun keizer wilde worden. En zo werd Yu, de gouden draak, een mensengod, en leefde op aarde.

Yu wordt nog altijd vereerd en herdacht, vooral bij de Drakenpoort in de Gele Rivier. Elke lente, als de vissen stroomopwaarts zwemmen, moeten ze over de snelstromende watervallen springen die naar beneden klateren door de kloof, die Yu met zijn staart heeft uitgesneden.

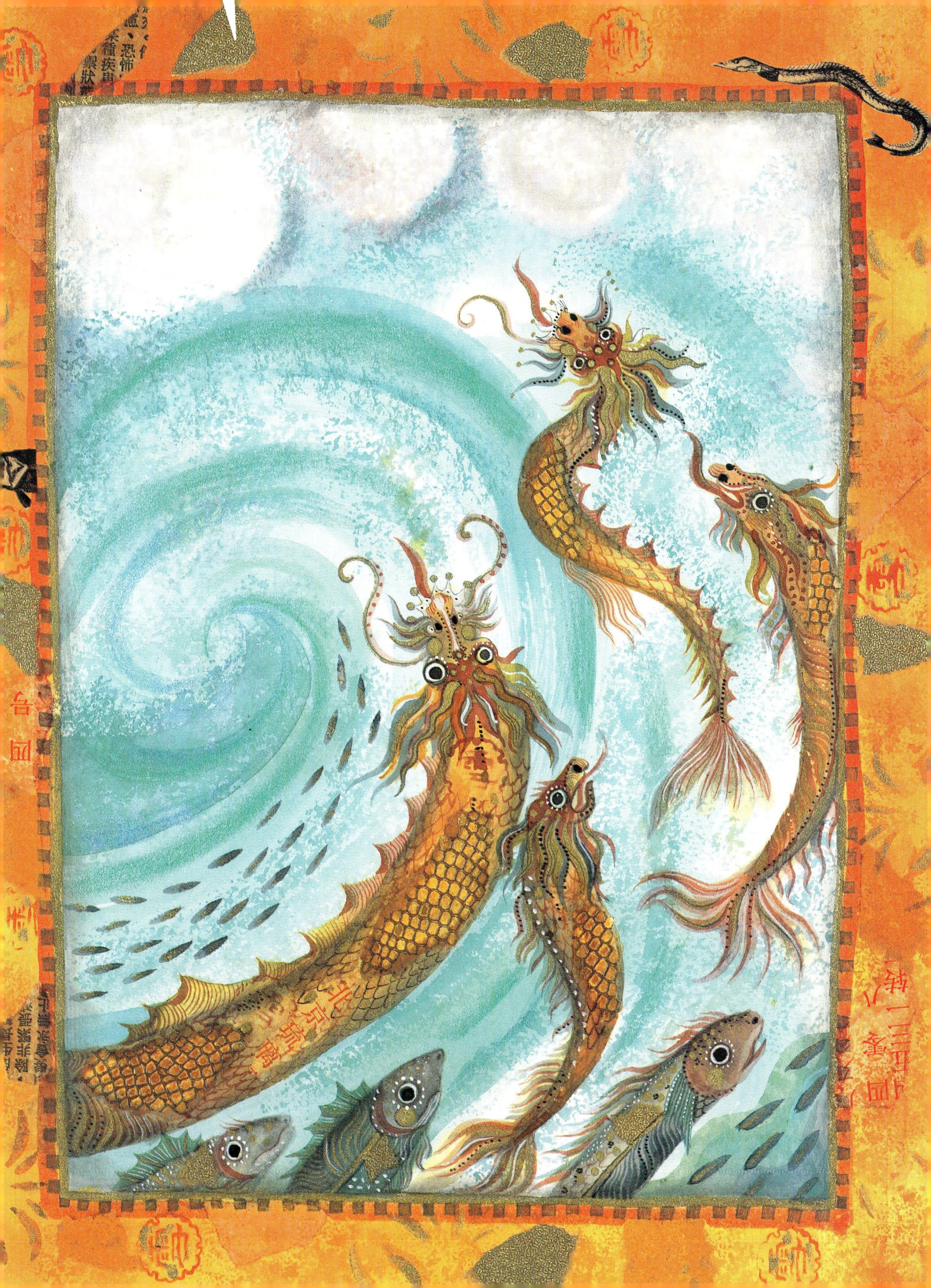

En de vissen die door het wild spattende schuim en de stuivende mist de stroomversnelling met één enorme sprong overbruggen – die vissen veranderen in draken en hun sprong brengt ze tot in de wolken. Daar buitelen en spelen ze in de zomer, voordat ze teruggaan naar de rivieren en de wateren waar ze 's winters slapen.

Draken leven lang, heel lang, en elk jaar worden er bij de Drakenpoort een paar nieuwe draken geboren. En daarom zijn er zoveel draken in China.

Een verhaal uit China

De Zeeslang

*Kleine Jakob en de eerste, de grootste
en oudste van alle zeeslangen*

Jakob woonde op een boerderij, niet ver van de zee, samen met zijn moeder, zijn vader en zijn zes broers. En omdat hij de jongste en de kleinste was noemde iedereen hem kleine Jakob en liet hem de vervelende karweitjes opknappen waar niemand zin in had, zoals ganzenhoeden!

Op een dag bereikte de boerderij het nieuws dat de eerste, de grootste en oudste van alle zeeslangen, Meester Stor-Orm, uit de diepten van de oceaan naar de oppervlakte was gezwommen en dat hij zich, met zijn kop naar de kust en zijn staart naar de zee, in de volgende baai aan de kust geïnstalleerd had.

Meester Stor-Orm was onvoorstelbaar groot. Zijn kop stak uit de zee als een berg, zijn ogen waren net twee ronde, spiegelende meren en zijn lijf was zo lang, dat het als hij zich uitstrekte, over de Atlantische Oceaan heen reikte. Helemaal van Europa tot de kust van Noord-Amerika.

De eetlust van het monster was enorm. Maar zijn enige maaltijd was het ontbijt. Zodra de ochtendzon op zijn ogen scheen opende hij zijn brede bek en gaapte. 'Aa-aahhhhhhh....' zo werd de frisse lucht naar binnen gezogen en 'hoooooooo...' dan blies hij zijn kwalijke adem weer uit. Die adem rook naar bedorven vis. Het was een stank van rotting en bederf.

Meester Stor-Orm gaapte altijd zes keer. De zevende keer deed hij zijn bek open, liet zijn lange, beweeglijke, gespleten tong er uitschieten, graaide daarmee een enorm ontbijt bij elkaar en stak het naar binnen. Die tong van hem was zo sterk, dat hij een huis omver kon gooien en de mensen grijpen die er binnen zaten. Die tong kon in één keer een half dozijn koeien bij elkaar vegen of een boot vol vissers. Maar wat de mensen het meest beangstigde was dat die tong zo lang was, dat je onmogelijk kon gissen waar het monster de volgende keer zou toeslaan.

Toen Jakobs moeder hoorde over Meester Stor-Orm zei ze: 'Er moet iets gedaan worden!'

Zijn vader zei: 'Iemand zal hem moeten doden!'

'Ik wil het wel tegen hem opnemen', zei kleine Jakob, die zijn tenen zat te warmen bij het vuur. 'Ik ben niet bang.'

Zijn zes broers schaterden het uit en begonnen hem te plagen. 'Kleine Jakob!' riepen ze. 'Ons kleine broertje! De grote held!'

Nu was koning Harald, de heerser van het land, een oude man. Maar hij had nog altijd een wijs hoofd op zijn schouders en dus riep hij een vergadering van de Ding bij elkaar, dat was een raad van mannen die bij elkaar kwamen om wetten te maken en te regeren. En de koning zei hun dat er een dappere kampioen gevonden moest worden om Meester Stor-Orm te doden.

Meteen ging iedereen doorelkaar praten.

'Hij kan niet gedood worden!' zei er een. 'Zonde van de tijd om het te proberen!'

'Op de een of andere manier moeten we het hem naar de zin maken!' zei een ander.

'We zouden hem lekkere hapjes kunnen voeren', zei een derde. 'Zeven lieflijke maagden, elke morgen vastgebonden op de rotsen... of misschien een prinses. Dan zou het monster ons verder met rust laten.'

'Wacht!' zei de koning. 'Wacht nog zeven dagen. Misschien vinden we een kampioen. En als die Meester Stor-Orm doodt, kan hij mijn enige kind, prinses Lieflijk Juweel, tot vrouw krijgen en mijn koninkrijk erven. Hij krijgt ook mijn kostbare zwaard, Sikker Snapper, dat mij werd geschonken door de god Odin zelf.'

Het nieuws van de beloning die de koning uitloofde – een prinses, een koninkrijk en een zwaard – verspreidde zich door het rijk en alle landen eromheen. En zeven dagen later, rond het middaguur, verzamelde zich een grote menigte bij de kust. Kleine Jakob en zijn familie waren er ook, en de koning, zijn lieflijke dochter, alle Ding-leden en zesendertig vervaarlijk uitziende kampioen-vechters.

Sommige kampioenen hadden een plan, en sommigen hadden nog geen idee hoe ze het zouden aanpakken. Maar allemaal stapten ze stoer kijkend rond totdat... Meester Stor-Orm zijn bek opendeed en een slaperige na-het-ontbijtgeeuw liet horen.

Foei! De stank van die adem was verschrikkelijk. Twaalf kampioenen vielen ter plekke flauw, twaalf werden misselijk en de laatste twaalf knepen hun neus dicht en gingen ervandoor.

'Ik zie dat er niet één kampioen meer over is!' zei koning Harald. 'Dan zal ik morgen, voordat Meester Stor-Orm wakker wordt, zelf komen om tegen hem te strijden.'

'U bent te oud, heer', zei de rentmeester. 'Uw dagen van strijd zijn voorbij.'

De koning trok zijn kostbare zwaard Sikker Snapper. 'Bij mijn goede zwaard', zei hij, 'ik zeg u allen, dat ik zelf eerder zal sterven dan dat mijn dochter of enige andere maagd wordt opgeofferd aan dat monster.' Hij wendde zich tot zijn rentmeester en zei: 'Rust een boot uit met twee sterke riemen, zet de mast overeind, houd de zeilen klaar om te hijsen en geef de bootsman bevel om de boot te bewaken tot ik morgen kom, voor zonsopgang.'

Op weg naar huis zei kleine Jakob tegen zijn broers: 'Ik zou wel met Meester Stor-Orm willen vechten. Heus. Ik ben niet bang.'

Zijn broers lachten. 'Kleine Jakob! De grote held!' riepen ze, en met z'n allen grepen ze hem en rolden hem stoeiend op de grond – zes tegen één – tot hun vader er een eind aan maakte.

Toen Jakob weer overeindkwam stak hij zijn kin in de lucht. 'Ik had jullie allemaal aangekund!' zei hij. 'Maar ik spaar mijn krachten – voor Meester Stor-Orm!'

Die nacht lag kleine Jakob stil in bed. Hij had zijn plannen klaar. Hij zou het opnemen tegen Meester Stor-Orm.

Zodra de anderen vast in slaap waren sloop hij naar buiten, besteeg zijn vaders paard en galoppeerde weg. Het was volle maan en de hemel was bezaaid met sterren, dus kon hij het pad naar de kust gemakkelijk vinden.

Toen hij bij een klein hutje kwam, sprong hij van zijn paard, maakte het vast aan het hek en liep naar binnen. Jakobs oude grootmoeder lag in haar bed te snurken, het turfvuur was afgedekt en smeulde en op de grond ernaast stond een ijzeren pot. Kleine Jakob bukte, haalde een gloeiend stuk turf uit het vuur, deed het in de pot en sloop weer even zachtjes weg als hij gekomen was. Grootmoeder hoorde niets. Alleen de grijze kat op het voeteneind van haar bed keek op en rekte zich uit.

De boot van koning Harald lag gereed, met de mast overeind, drijvend in het ondiepe water. In de boot zat de bootsman die zijn armen over zijn borst sloeg om zich warm te houden.

Kleine Jakob riep naar hem: 'Het is een zeldzaam koude morgen! Waarom kom je niet aan de kant, een beetje heen en weer rennen om jezelf te warmen?'

'Van de boot gaan? Ik zou niet durven!' riep de bootsman terug. 'De rentmeester zou me bont en blauw laten slaan als er vandaag iets misging met de boot van de koning!'

Kleine Jakob zette de ijzeren pot neer en begon met een stok in een rotspoel te porren, alsof hij schelpdieren zocht. Plotseling sprong hij overeind en schreeuwde: 'Goud! goud! Hoera! Het glanst als de zon! Dat kan niet anders dan goud zijn!'

Dit was te veel voor de bootsman. In een wip was hij de boot uit, het zand over en zat hij op zijn knieën bij de rotspoel, speurend naar goud. En kleine Jakob? Hij pakte de pot met gloeiende turf, liep zachtjes over het zand, maakte het touw van de boot los, sprong aan boord, greep een riem en duwde af.

Tegen de tijd dat de bootsman weer opkeek, was kleine Jakob al op zee, met strakke zeilen en een flink gangetje er in. De bootsman was razend. Hij zwaaide met zijn

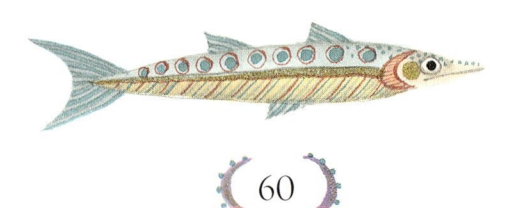

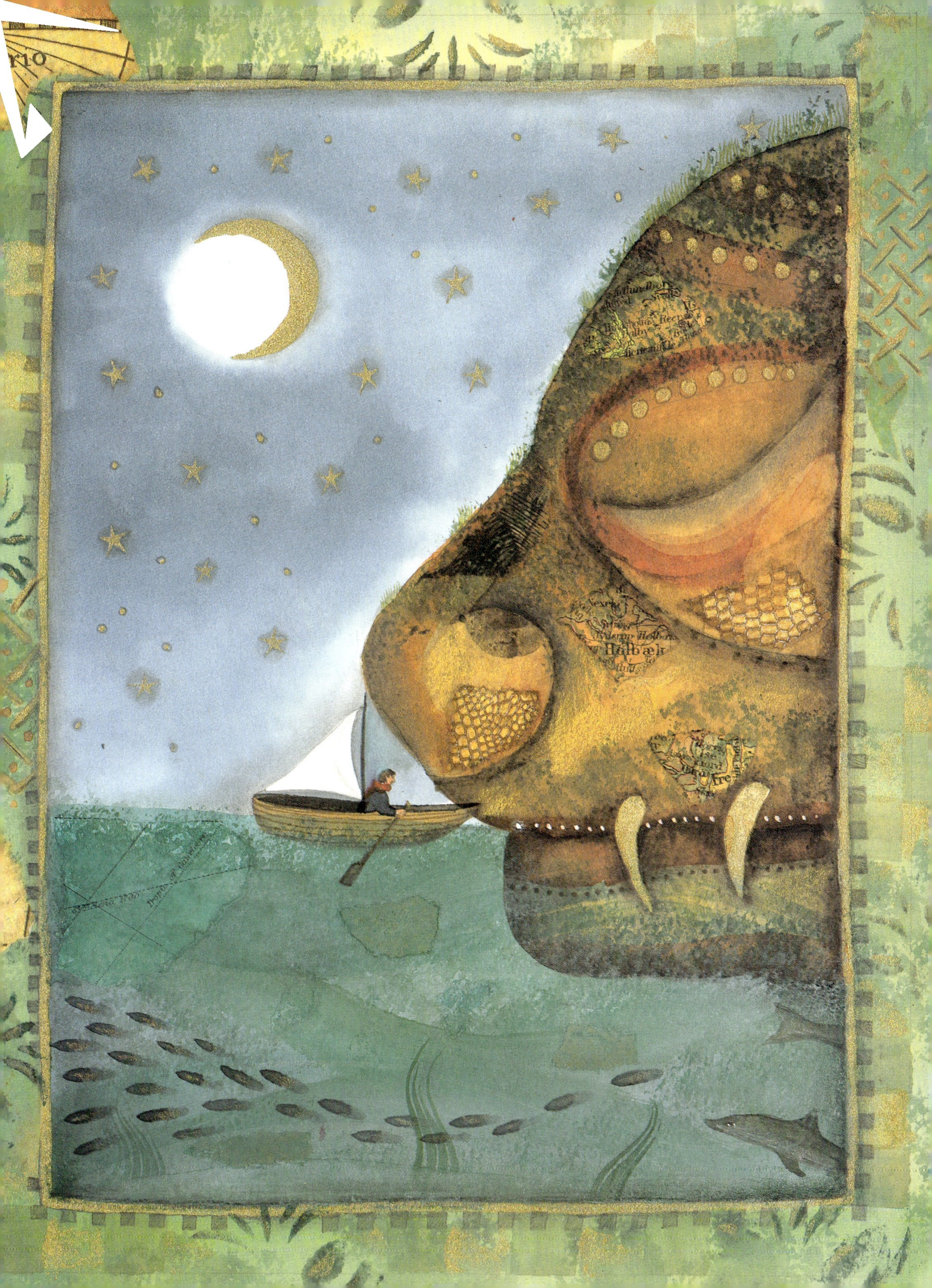

armen en schreeuwde de kwaadste, grofste scheldwoorden die hij maar kon bedenken. Maar hij was machteloos.

Toen koning Harald, zijn rentmeester, de prinses en hun dienaren aankwamen, waren ook zij razend. En toen er een hele menigte nieuwsgierig volk aan kwam zetten, inclusief Jakobs familie, waren die ook niet bepaald blij. Maar wat konden ze doen? Alleen wachten en uitkijken. Intussen zette kleine Jakob in zijn kleine boot koers naar de grote kop van Meester Stor-Orm, die zo groot was als een berg en zeilde door. Toen hij vlak bij was, liet hij de boot tegen de bek van het monster aanlopen, streek het zeil, haalde de riemen binnen en rustte uit.

Langzaam kwam rond en rood de zon op boven een verre vallei. Zijn heldere stralen vielen op de twee grote ogen van Meester Stor-Orm en hij werd wakker. Wijd gaapte zijn bek en hij begon met de eerste van zijn dagelijkse zeven geeuwen voor het ontbijt.

Toen Meester Stor-Orm inademde, stroomde er een golf zeewater in zijn bek en door zijn keel – en de boot en Jakob werden mee naar binnen gezogen. Verder en verder, sneller en sneller werd de boot naar beneden gesleurd, door de keel van het monster, die hier en daar zacht verlicht werd door een zilverachtig, fosforescerend schijnsel.

Ten slotte werd het water ondieper en de boot liep vast. Kleine Jakob tilde de ijzeren pot op, sprong van boord en holde verder tot hij bij de lever van het monster kwam. Hij haalde een mes uit zijn zak, sneed een gat in de olie-achtige lever en propte de gloeiende turf in het gat. Hij blies en blies tot hij dacht dat zijn lippen zouden barsten. Maar eindelijk vlamde de turf op, de olie in de lever siste en spetterde, er was een steekvlam en toen stond de lever in lichterlaaie.

Kleine Jakob holde terug naar de boot, zo snel als zijn benen hem konden dragen. Hij sprong erin en hield zich stevig vast. En hij was maar net op tijd. Toen Meester Stor-Orm de felle hitte van het vuur in zijn binnenste voelde, draaide en kronkelde en sloeg hij om zich heen met zo'n geweld, dat hij ging overgeven. De hele inhoud van de enorme maag van het monster rees als een vloedgolf omhoog in zijn keel, greep de boot, sleurde hem mee op de stroom, omhoog, omhoog en zijn bek uit, over de zee, tot hij hoog en droog op een zandduin belandde.

Maar niemand sloeg acht op kleine Jakob! De koning en alle mensen die waren komen kijken, en daarbij waren ook Jakobs grootmoeder en de grijze kat die door het tumult gewekt waren, gingen er allemaal vandoor naar de top van de dichtstbijzijnde heuvel.

In een ogenblik was kleine Jakob uit de boot en holde al snel achter hen aan om te ontsnappen aan de enorme golven die op de kust beukten terwijl Meester Stor-Orm heftig kronkelde en draaide.

Nu was het monster eerder meelijwekkend dan angstaanjagend. Zwarte rookwolken golfden uit zijn bek en neusgaten naarmate het vuur in zijn binnenste feller brandde. Hij sloeg heen en weer. Hij stak zijn gevorkte tong uit zijn bek omhoog naar de koele hemel. Hij schudde zijn kop en zijn tong viel zo hard en zwaar neer dat hij een reusachtige deuk in de aarde maakte waar de zee naar binnen stroomde. En die deuk werd de kromme zeestraat die nu Denemarken scheidt van Noorwegen en Zweden.

Meester Stor-Orm haalde zijn tong naar binnen en zwiepte nu zijn kop omhoog, hoger en hoger naar de koele lucht. Hij schudde zijn kop, en die kwam zo snel en zwaar naar beneden dat er een paar tanden uitvielen en in zee terechtkwamen. En dat werd de verspreid liggende eilandengroep die nu de Orkney-eilanden genoemd worden.

Weer ging zijn kop omhoog, hij schudde hem heen en weer en toen hij naar beneden kwam, vielen er nog een heleboel tanden uit. Dat werden de Shetland-eilanden.

En een derde keer ging zijn kop omhoog en toen hij naar beneden kwam viel de rest van zijn tanden eruit. Dat werden de Faroër-eilanden.

Toen rolde Meester Stor-Orm zich op, rond en rond tot een grote knoedel en stierf. En deze knoedel werd IJsland en het vuur dat kleine Jakob ontstak met de brandende turf brandt nog immer onder dat land. Zelfs nu zijn er nog bergen op IJsland die vuur spuwen.

Toen iedereen volstrekt overtuigd was dat Meester Stor-Orm dood was, kon koning Harald zich nauwelijks meer beheersen. Hij sloeg zijn armen om kleine Jakob heen en noemde hem zijn zoon, hij deed zijn koninklijke mantel af en legde hem om Jakobs schouders en hij gaf hem zijn kostbare zwaard, Sikker Snapper. En toen nam de koning de hand van de prinses en legde die in Jakobs hand.

En dus werd er bruiloft gevierd – en wat voor een bruiloft! Het feestvieren en dansen duurde negen hele weken lang. Alle mensen waren zo blij dat Meester Stor-Orm dood was en dat ze nu in vrede konden leven. En iedereen, ook zijn broers, was het erover eens dat kleine Jakob hun kampioen was en – een grote held!

Een Scandinavisch verhaal van de Orkney Eilanden

De Gevederde Slang

Hoe de muziek naar de wereld kwam

In het begin was er geen muziek op aarde. Niemand kon zingen. Zelfs de vogels niet. Maar er bestond wel muziek, ver weg en hoog in de hemel, in het huis van de zon.

Op een dag kwam de grote god Texcatlipoca naar de aarde, wandelde rond en bekeek de dingen die hij had helpen maken.

'Heel goed! Alles ziet er precies zo uit als ik wilde', zei hij. 'De bloemen, de vogels en de dieren! Overal heldere kleuren! En toch... heb ik het gevoel dat er iets ontbreekt.' Hij luisterde. Hij liep verder en luisterde nog eens. 'Ik *weet* wat ik mis', zei hij.

Hij wierp het hoofd in de nek en liet zijn stem schallen

over alle windstreken van de aarde. 'Kom, Quetzalcoatl, gevederde slang, rusteloze heer der winden! Kom! Ik heb je nodig!'

Quetzalcoatl was ver weg, lui liet hij zich drijven op de wind boven de golven, maar hij hoorde het. Hij hief zijn slangenkop op en opende wijd zijn bek, tot er een menselijk gezicht tussen zijn kaken verscheen. Het was een nogal ontevreden gezicht.

'Altijd hetzelfde', mopperde hij. 'Net als ik geniet van een beetje rust hebben ze me weer ergens voor nodig. Maar toch zal ik moeten gaan uitvinden wat er nu weer aan de hand is!'

Hij richtte zich op, zijn glanzende veren ruisten en verschoten van kleur, nu eens groen, dan turquoise, dan weer blauw... en toen kwam hij aanvliegen.

Snel, sneller dan snel vloog hij. Hoog rezen de golven. Met donderend geweld sloegen ze op de kust. Bomen hieven hun takken op en zwiepten ze heen en weer. Met groot gedruis daalde hij neer naast Texcatlipoca.

'Nou – wat moet je?' vroeg Quetzalcoatl vinnig en kortaf. Die twee waren niet altijd de beste vrienden. Er was niet veel voor nodig of ze maakten ruzie.

Maar Texcatlipoca was niet van gisteren. Hij sprak zacht en vleiend: 'Heer der winden, er is een karwei dat alleen jij kunt doen.'

'Een – kar – wei!' zei Quetzalcoatl langgerekt. 'Ik zou niet gekomen zijn als...'

'Luister', zei Texcatlipoca. 'Deze mooie aarde die wij samen gemaakt hebben, is niet in orde. Luister. Hoor je het niet? Er is geen muziek. En wat is het leven zonder muziek? De aarde moét muziek hebben. Gevederde slang, machtige heer der winden, ga daarom naar het huis van de zon en breng muziek mee naar de aarde.'

'Naar de zon! Muziek halen!' zei Quetzalcoatl. 'Je weet hoe de zon is. Hij is dol op muziek. Maar vrijgevig is hij niet. Hij wil niet delen. Elke noot muziek en iedere muzikant wil hij voor zichzelf houden!'

'Maar denk eens aan de vogels, aan de bomen en aan het stromende water', zei Texcatlipoca. 'Denk aan de moeders met hun baby's, hun spelende en hun slaperige kinderen, de volwassen mannen en vrouwen. Die moeten muziek hebben. Alles wat leeft moet vervuld zijn van muziek!'

Quetzalcoatl dacht na. 'Ik zal gaan', zei hij. 'Ik zal gaan naar het huis van de zon.'

Hij richtte zich op en vloog omhoog. Hoger en hoger vloog hij. Hij scheerde door de blauwe rook van de hemel en daar voorbij door de lege ruimte. Hij kwam bij het dak van de wereld en toen hoorde hij het geluid van verre muziek. Hij beklom de trap van licht die leidde naar het huis van de zon en de muziek werd luider en luider, tot hij duidelijk het verrukkelijke geluid van grote, zingende koren en heldere fluiten kon horen.

Eindelijk ging hij het huis van de zon binnen en zag de

muzikanten. Ze omringden de zon in een nest van licht. Nergens was een donkere kleur te zien. Elke muzikant was gekleed naar de muziek die hij speelde. Wie wiegeliedjes en andere kinderliedjes zong was gekleed in het wit. Wie tedere liefdesliederen zong droeg diep blauw, terwijl degenen die dappere daden en de strijd bezongen waren gekleed in bloedrood. Maar het kleurigst waren de fluitspelers, gekleed in een goudachtig geel dat blonk als de zon zelf.

De muziek verklonk en zwol weer aan, in en uit en rond het nest van licht, terwijl eerst één groep en dan weer een andere op zijn fluiten blies of zong. De verrukkelijke klanken hielden nooit op. Geen ogenblik.

Zodra hij hem zag wist de zon waarvoor Quetzalcoatl gekomen was.

'Muzikanten, wees stil!' beval de zon. 'Hier komt die vervelende bemoeial, de gevederde! Antwoord niet als hij spreekt, of hij zal jullie ontvoeren en meenemen naar die vreselijke, donkere, naargeestige plek die de aarde genoemd wordt, waar geen muziek is.'

Voor het eerst zwegen de muzikanten. Ze waren bang en probeerden niet te luisteren terwijl Quetzalcoatl zich tussen hen door bewoog en in hun oren fluisterde: 'Heb medelijden met de mensen van de aarde. Kom met mij mee, en leer hun hoe ze muziek moeten maken. Kom... kom...'

Hoewel hij bad en smeekte stonden de muzikanten stil en zwegen als standbeelden.

Toen rees er een grote woede op in Quetzalcoatl. Hij rolde zich strak ineen en weer uit. Hij stapelde zwarte onweerswolken op tot het licht van de zon afgedekt was. Hij brouwde een vliegende orkaan. De bliksem flikkerde en de donder gromde en rolde.

Nu waren de muzikanten pas echt bang! Zo'n duisternis hadden ze nog nooit meegemaakt, en ze hadden nog nooit middenin een onweer gezeten. Ze vlogen alle kanten op, op zoek naar de zon, en sommigen liepen pardoes in de gevederde omhelzing van Quetzalcoatl.

Toen hij van elke soort muzikanten er een paar te pakken had, slingerde hij zijn lichaam om hen heen en langzaam en voorzichtig, om ze geen pijn te doen, zweefde hij naar de aarde.

Texcatlipoca stond te wachten om hem welkom te heten toen hij neerkwam. 'Quetzalcoatl', zei hij, 'jij hebt het geluk naar de aarde gebracht!'

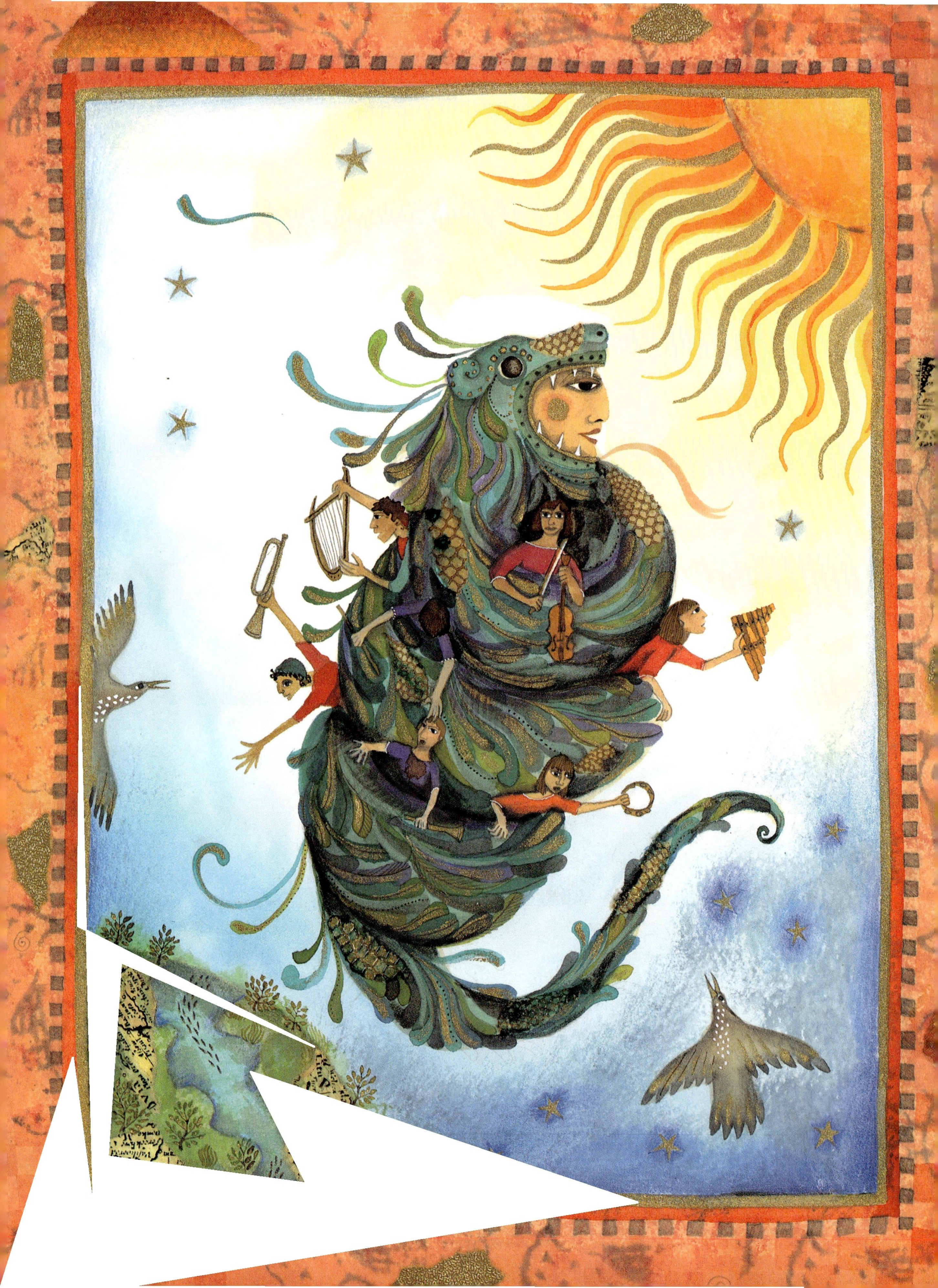

De muzikanten waren heel blij toen ze zagen dat de aarde helemaal geen verschrikkelijke, donkere plek bleek te zijn. Overal waren heldere kleuren en ze konden nog steeds de zon zien, die boven hen scheen. Weliswaar was er geen muziek, maar daar konden zij verandering in brengen.

Vlug gingen ze ieder een kant op naar de vier windstreken van de aarde en onderweg leerden ze iedereen die ze tegenkwamen om te zingen en hoe ze een fluit konden maken en er op spelen.

Ook leerden ze de vogels zingen en ze wezen hun hoe ze iedere morgen bij het ochtendgloren de zon konden begroeten met een luid koor. Ze schonken muziek aan het stromende water en aan de ruisende bladeren. Ze leerden zelfs Quetzalcoatl, de heer der winden, hoe hij moest suizen en zuchten en zingen.

En zo is het gekomen dat nu, in onze tijd, de hele aarde, overal, vol is van het geluk dat de muziek brengt!

Een Midden-Amerikaans verhaal uit Mexico

De Minotaurus

De eerste, de enige en laatste Minotaurus

Lang geleden, op het eiland Kreta, leefde de Minotaurus. De eerste, de enige en laatste. Een andere is er nooit geweest. Het was een bijzonder woest schepsel, half mens, half stier en hij voedde zich met mensenvlees.

Koning Minos, de heerser van Kreta, hield de Minotaurus in een uitgestrekt netwerk van gangen dat het labyrint genoemd werd en dat speciaal gebouwd was onder het koninklijk paleis. Het was een vreselijke plek – het was er zo donker en het was er zo'n wirwar van slingerende, kronkelende gangen dat wie er inging met geen mogelijkheid ooit nog de weg naar buiten kon vinden.

In die tijd was koning Minos oppermachtig in het gebied van de Middellandse Zee en om het woeste beest te voeden vaardigde hij een wrede wet uit: alle landen aan de overkant van de zee moesten elk jaar in de lente om beurten zeven jongens en zeven meisjes sturen, die dan één voor één het labyrint in gedreven zouden worden.

Acht jaren gingen voorbij en de Minotaurus kreeg zijn voedsel. Toen kwam het negende jaar. Het was lente. De zon scheen, de vogels zongen en de amandelbomen waren roze van de bloesem. Maar in Athene heerste droefenis. Het was de beurt van de stad om door het lot zeven jongens en zeven jonge meisjes aan te wijzen en hen naar Kreta te sturen.

Nu was Aegaeus, de koning van Athene, een oude, zwakke man. Maar hij had een enige zoon, Theseus, en dat was een knappe jongen, groot, sterk en een snelle loper. De koning hield heel veel van zijn enige zoon.

Op de ochtend dat het lot geworpen zou worden, verzamelden de koning, zijn zoon en de burgers van Athene zich voor het paleis. Sommigen zwegen. Sommigen huilden. Anderen baden fluisterend tot de goden. 'Niet mijn zoon! Niet mijn dochter! Laat hen niet gekozen worden!'

Toen Theseus zag hoe verdrietig iedereen was, zei hij tot zijn vader: 'Het is mijn plicht om naar Kreta te gaan en te trachten de Minotaurus te doden!'

'Nee, ga niet!' zei de koning. 'Dat betekent een wisse dood. Je kunt dit beest alleen en ongewapend niet doden. En zelfs al zou het je lukken, dan nog zou je nooit de weg uit het labyrint terugvinden.'

Maar Theseus wendde zich tot de menigte. 'Er wordt slechts geloot voor zes jongens', zei hij. 'Ik zal de zevende zijn. En jullie kunnen ervan overtuigd zijn dat ik zal proberen de Minotaurus te doden!'

'Ohhh...' Er klonk een diepe zucht van verbazing. Iedereen was vol bewondering voor Theseus, de enige zoon van de koning, die vrijwillig aanbood om te gaan.

Toen er geloot was, en de zeven meisjes en zes jongens aangewezen waren, verzamelde Theseus de jongelui om zich heen. 'Wees dapper', zei hij, 'blijf hopen. De Minotaurus heeft niet het eeuwige leven!' Toen leidde hij hen naar de haven, gevolgd door hun huilende moeders en vaders, zusters en broers.

Vlak voordat Theseus aan boord ging van het schip dat

hem naar Kreta zou brengen, omhelsde koning Aegaeus zijn zoon. 'Theseus, beloof me één ding', zei hij. 'Het schip is uitgerust met de zwarte zeilen van de dood. Welnu, als je aan boord bent als het schip terugkeert, strijk dan de zwarte zeilen en hijs in plaats daarvan witte. Dan zal ik zelfs van grote afstand al kunnen zien dat je leeft en veilig bent.'

En dat beloofde Theseus.

Een paar dagen later kwamen Theseus en zijn metgezellen aan in Knossos, de voornaamste stad van Kreta. Gewapende wachten kwamen hen tegemoet en voerden hen over steile paden en over stenen trappen naar boven en naar binnen in het immense koninklijke paleis dat zich hoog op een heuvel uitstrekte.

Ze kwamen in een prachtige zaal, waarvan alle wanden bedekt waren met kleurige schilderingen, en daar, op zijn troon, zat koning Minos met zijn twee dochters, Phaedra en Ariadne, aan weerszijden van hem.

Dertien gevangenen stonden met het hoofd gebogen. Alleen Theseus stond fier rechtop en keek koning Minos recht aan.

'Stoutmoedige jongeling', zei de koning, 'wie ben jij?'

'Ik ben Theseus, zoon van Aegaeus, de koning van Athene', antwoordde hij. 'En ik ben gekomen om de Minotaurus te doden, zodat er niet nog meer van onze jonge mensen hoeven te sterven!'

Toen gaf de koning zijn wachters bevel om Theseus te onderzoeken op wapens. En toen zij merkten dat hij geen wapens bij zich droeg, lachte koning Minos. 'Hoe wil je de Minotaurus doden?' vroeg hij. 'Met je blote handen?'

'Als het niet anders kan!' antwoordde Theseus.

Ariadne, de prinses, keek Theseus aan. Hij was zo dapper en zo sterk. Ik zal hem helpen, dacht ze. Zo'n man hoort niet te sterven!

Zodra de jonge Atheners waren weggevoerd naar de paleisgevangenis, ging Ariadne naar de keukens, mengde slaappoeders in een paar grote kannen wijn en beval de dienaren om de wijn aan de gevangenbewaarders te brengen. Daarna ging ze naar haar vaders kamer en stal een goed, scherp zwaard.

Ten slotte opende ze een klein beschilderd doosje, waarin ze haar privé-schatten bewaarde, en nam er een kluwen goudgaren uit. Dit was het kluwen garen waarover ze niemand verteld had, zelfs niet haar zusje. Toen ze nog een klein meisje was had ze het gekregen van de knappe Daedalus, de man die het labyrint ontworpen en gebouwd had. Hij had gezegd: 'Nu mag je nog met dit glinsterende kluwen spelen, Ariadne. Maar vergeet niet dat het een toverkluwen is...' en toen had hij iets in haar oor gefluisterd.

Die nacht sliepen de wachten natuurlijk als een blok! En ook de gevangenen, die moe waren van hun reis. Maar Theseus lag wakker, en probeerde te bedenken hoe hij de Minotaurus kon doden.

Rond middernacht zwaaide de gevangenisdeur open en daar stond Ariadne, de prinses. 'Kom', zei ze. 'Volg mij.'

Ze nam hem mee door bochtige gangen, lange trappen af, steeds verder naar beneden. Eindelijk ontsloot ze een zware houten deur en deed hem open. Voor hen lag een nauwe gang – en verderop? Daar was duisternis. Ze stonden bij de ingang van het labyrint.

Ariadne gaf Theseus het zwaard van haar vader. 'Hiermee kun je de Minotaurus doden', zei ze. En toen gaf ze hem het kluwen goudgaren, maar het losse einde hield ze vast. 'Leg het kluwen op de grond', zei ze. 'Het zal uit zichzelf voor je uit rollen en je meevoeren naar het hart van het labyrint. Als je terugkeert, wind je het op en dan zal het je naar buiten leiden.'

'En zul jij hier wachten tot ik terugkeer?' vroeg Theseus.

'Ik zal mijn uiteinde van de draad vasthouden en ik zal wachten!' zei Ariadne.

Theseus legde het gouden kluwen op de grond en terwijl het wegrolde in de duisternis glansde de draad en gaf een vaag soort schijnsel. Hij volgde het, door koude, nauwe, stenen gangen. Hij ging links en rechts, en weer terug en maakte weer een bocht, verder en verder, het kluwen volgend.

Hij liep door tot het gouden kluwen tot stilstand kwam in een holle, grauwe, duistere ruimte. Hij had het hart van het labyrint bereikt en daar, alsof het beest Theseus opwachtte, was de Minotaurus.

Het woeste dier zwaaide zijn kop naar links en naar rechts. Hij blies en stampte. En toen liet hij zijn schouders zakken en viel aan, zijn hoorns, als dolken zo scherp, vooruitgestoken.

Theseus klemde zijn zwaard stevig vast en stond pal. De Minotaurus was al bijna bovenop hem, toen Theseus met een vlugge beweging opzijsprong, zich omdraaide en het zwaard in de nek van het monster stak. Dat was genoeg. Het monster struikelde, stortte zwaar ter aarde en stierf.

Nu moest Theseus uit het labyrint zien te ontsnappen.

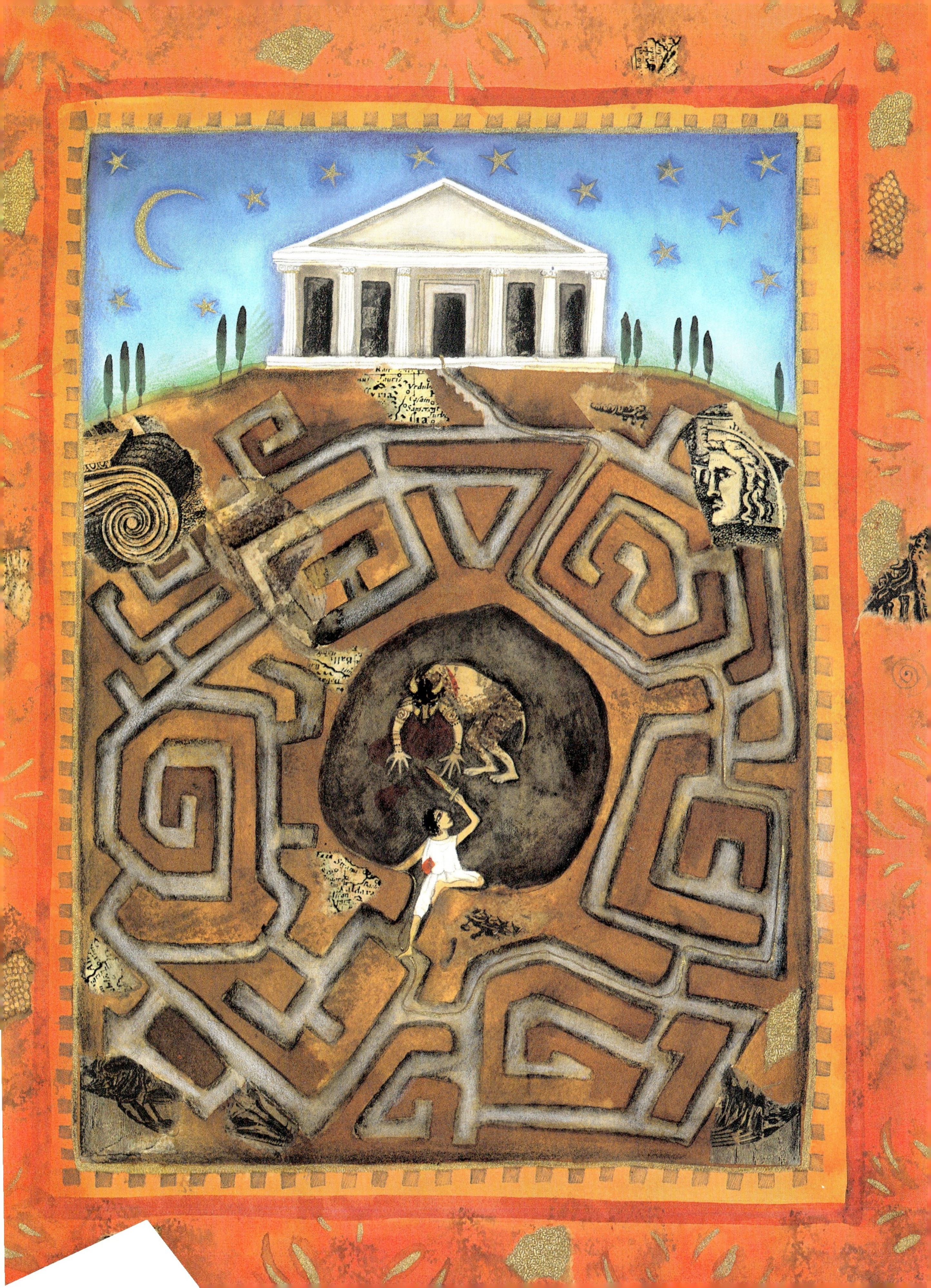

In een hoek zag hij vaag het schijnsel van het gouden kluwen. Hij raapte het op en ging op weg, het garen opwindend terwijl hij voortliep. En de draad leidde hem langs dezelfde kronkelende, bochtige weg weer terug naar de open deur en naar Ariadne.

Toen ging alles verder heel snel. Theseus en Ariadne wekten zijn jonge metgezellen en brachten hen buiten het paleis. Onderweg naar de haven besloot Ariadne samen met hen te vertrekken. Ze mocht Theseus graag en wilde bij hem blijven en bovendien besefte ze dat haar vader wel heel boos zou zijn als hij te weten kwam wat ze gedaan had.

Dus gingen ze allemaal aan boord van het schip uit Athene, de zeelieden werden wakkergeschud en de zwarte zeilen werden gehesen. Ten slotte staken Theseus en de andere jongens – vlak voordat ze Kreta verlieten – koning Minos' grootste en snelste schepen in brand, voor het geval de koning hen zou achtervolgen.

Na een paar dagen op zee stak er een storm op en de golven werden wild en ruw. De arme Ariadne was zeeziek en voelde zich zo ellendig dat ze alleen nog maar van boord wilde. Zo gauw mogelijk!

Ze smeekte Theseus, en ten slotte gaf hij de zeelieden

bevel om koers te zetten naar het dichtstbijzijnde eiland en haar aan land te brengen. Voordat ze weer voet op vaste bodem zette, namen Ariadne en Theseus teder afscheid van elkaar. Maar het was het einde van hun vriendschap. Ze zagen elkaar nooit weer.

Misschien was het vanwege de ruwe zee en het verdriet om het vertrek van Ariadne... wie zal het zeggen? In elk geval vergat Theseus de belofte aan zijn vader, en hij gaf de zeelieden geen bevel om de zwarte zeilen te strijken en in plaats daarvan witte te hijsen.

Dag na dag had de oude koning Aegaeus vanaf de klippen staan uitkijken, wachtend op de terugkeer van het schip dat Theseus naar Kreta had weggevoerd. Toen hij dan op een ochtend een schip zag naderen met zwarte, in de wind bollende zeilen, dacht hij dat zijn enige zoon dood was. En overmand door verdriet wierp de koning zich in zee en verdronk.

Toen Theseus' schip eindelijk het anker liet vallen en

hij en de zes jongens en de zeven meisjes aan land kwamen, heerste er grote vreugde in Athene.

'Theseus, onze held!' riepen de mensen. 'Jij hebt de Minotaurus gedood! Jij hebt onze kinderen gered!' en ze hingen bloemenslingers om zijn hals.

Maar Theseus' geluk was van korte duur, want toen kwam er een boodschapper met het bericht van zijn vaders dood.

Theseus' ogen vulden zich met tranen. 'De zeilen – de zwarte zeilen!' zei hij. 'Waarom ben ik dat vergeten?' Maar het kwaad was geschied en kon niet meer ongedaan gemaakt worden.

Theseus werd koning van Athene en hij was een goede koning, wijs en machtig en geliefd bij het hele volk. Maar nooit vergat hij zijn vader, die hem zo had liefgehad.

Te zijner ere besloot Theseus de zee, waarin koning Aegaeus verdronken was, de Aegaeïsche zee te noemen. En zo is het gebleven. Kijk maar op een kaart en je zult zien dat het brede water ten oosten van Athene nog altijd de Aegaeïsche zee heet.

Een Griekse mythe

De Naga

Drie fantastische eieren

Eens, lang geleden, leefden de koning van de Naga's en zijn dochter, de Nagaprinses, in een schitterend onderwaterpaleis, dat verborgen lag in een diep meer tussen de heuvels van Noord-Birma.

Soms nam de Nagaprinses de gedaante aan van een cobra. Soms was ze half vrouw, half slang. Maar dikwijls liep ze langs de oever van het meer of over de paden in het woud als een beeldschone jonge vrouw, gekleed in een strakke fluwelen broek, een rok met een hesje, allemaal in opvallende, felle kleuren, en met een prachtige, wijde capuchon om haar hoofd, helemaal bezet met flonkerende robijnen.

Op een dag, toen de Nagaprinses langs het meer liep, keek de Zonneprins uit de hemel naar beneden en zag haar. Hij keek – en hij keek nog eens. Hij kon zijn ogen niet van haar afhouden. Wat is ze mooi, dacht hij. Ik moet met haar gaan praten en er achter zien te komen wie ze is.

Een ogenblik later kwam hij naar beneden en stond naast haar. De Nagaprinses schrok niet. Ze richtte haar kalme, vriendelijke ogen op de knappe vreemdeling. Ze praatten met elkaar en er ontstond een grote liefde tussen hen en het duurde niet lang of ze besloten te trouwen.

Toen leefden ze samen in kalm geluk. Maar dat was niet van lange duur. Op een ochtend bedacht de Zonneprins dat hij werk te doen had.

'Ik moet terug naar mijn vader, de zon, en hem helpen de wereld te verlichten', zei hij. 'Kom dus met mij mee, mijn Nagaprinses.'

Langzaam schudde ze haar hoofd. 'Ik kan deze schaduwrijke wouden en mijn eigen koele meer niet verlaten. Ik kan niet leven in de hemel.'

'Dan zal ik elke dag naar beneden kijken en over je waken', zei de Zonneprins. 'En als je me een keer nodig hebt, stuur dan een witte kraai met een boodschap.' Toen was hij weg.

Zonder haar man, de Zonneprins, was de Nagaprinses verdrietig en eenzaam. Dag na dag keek ze omhoog, en als ze zijn vader, de zon zag, dan dacht ze aan hem.

Maar toen gebeurde er iets heerlijks. De Nagaprinses legde drie eieren. Drie fantastische eieren. Ze waren robijnrood, als haar lievelingsjuweel, en doorschoten met goud, van hun vader, de Zonneprins. Ze bedekte de eieren met bladeren en bewaakte ze zorgvuldig. Eindelijk was ze weer gelukkig.

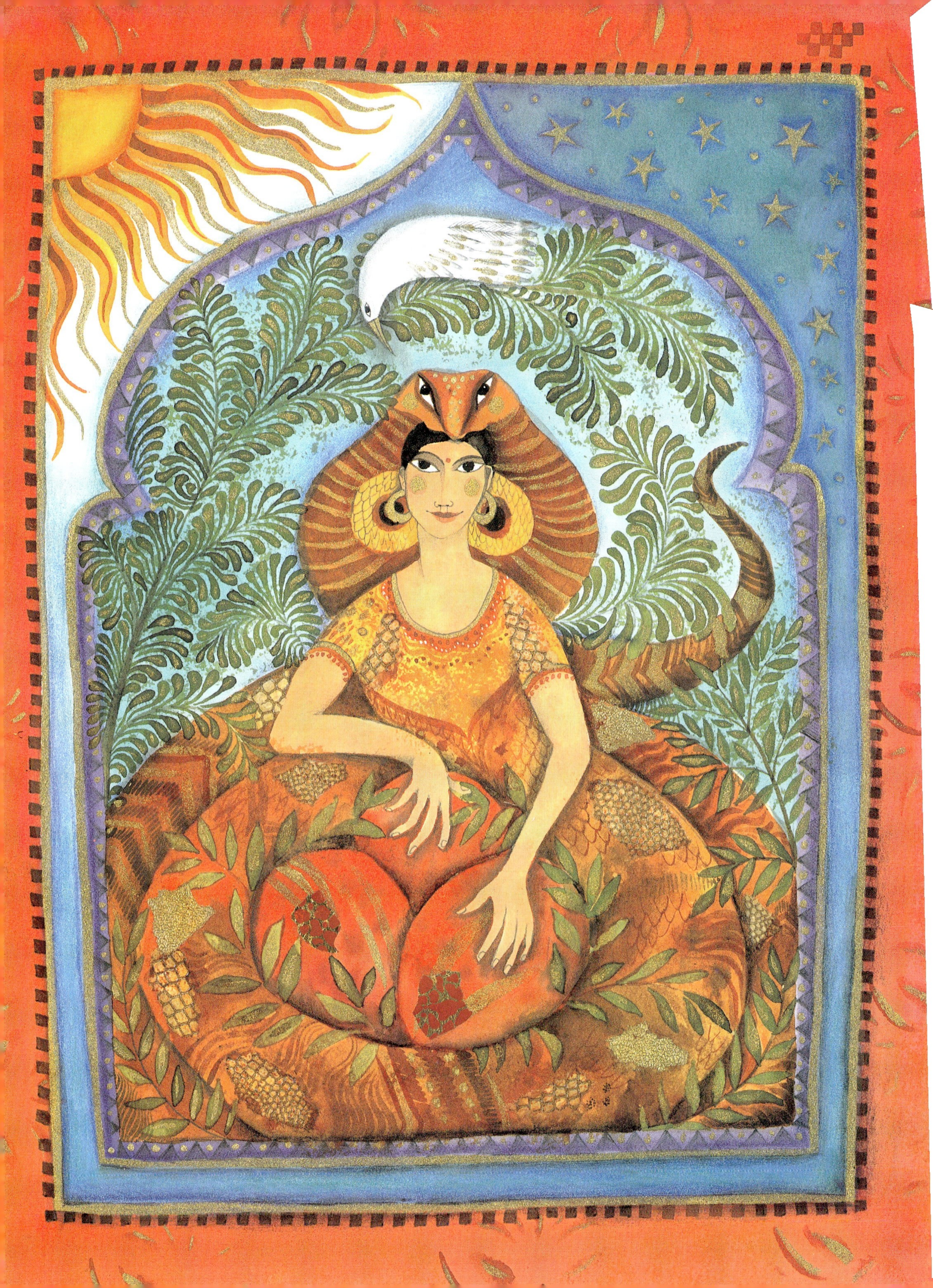

Op een ochtend, toen de eieren bijna uit moesten komen, hoorde ze een schel Kau! Kau! en ze zag een kraai zitten in een boon vlakbij. Het was een witte kraai natuurlijk, want in die dagen waren er geen zwarte.

'Kraai, wil jij mijn boodschapper zijn?' zei ze. 'Wil je naar de hemel vliegen en de Zonneprins vragen om te komen kijken naar zijn drie kinderen die nu al heel gauw uit het ei moeten komen?'

'Dat zal ik doen!' zei de kraai.

'Maar stop niet onderweg!' zei de Nagaprinses.

'Alsof ik dat zou doen!' zei de kraai, en weg vloog hij.

Hij vloog en hij vloog. Het was een heel eind, maar ten slotte kwam hij aan.

'Drie kinderen! Wat een goed nieuws!' riep de Zonneprins uit toen hij het hoorde. 'Maar', zuchtte hij, 'ik kan mijn werk niet in de steek laten. Nu niet. Ik heb het druk. Maar ik zal mijn Nagaprinses een geschenk sturen.'

Hij zocht in zijn vaders schatkamer tot hij een heel grote, oogverblindend mooie robijn vond. 'Haar lievelingsjuweel – een volmaakt geschenk', mompelde hij, terwijl hij het zorgvuldig in een stuk goudkleurige zijde wikkelde en de uiteinden bij elkaar bond.

Tegen de kraai zei hij: 'Zeg tegen mijn Nagaprinses dat ik haar en mijn kinderen voorlopig nog niet kan bezoeken, maar ik wil dat zij deze kostbare robijn krijgt als teken van mijn liefde voor haar.'

'Dat zal ik doen', zei de kraai.
'Maar stop niet onderweg!' zei de Zonneprins.
'Alsof ik dat zou doen!' zei de kraai en weg vloog hij.
Hij vloog en hij vloog. Het was een heel eind, maar ten slotte bereikte hij de heuvels van Noord-Birma.

Hij was al bijna thuis, toen – raad eens wat er gebeurde – hij een paar kooplieden op de grond zag zitten op een open plek in het woud. Ze waren bezig aan hun avondmaal en gooiden de restjes naar een paar vogels die om hen heen fladderden, naar beneden scheerden en doken en luidruchtig ruzie maakten over de kruimels.

De kraai had een heel eind gevlogen en hij had honger. Hij hoefde zich geen twee keer te bedenken. Nee! Hij vloog naar beneden, hipte onder een struik, liet zijn kostbare bundeltje vallen en fladderde onder het groen vandaan om zich bij de andere vogels te voegen.

Nu had een van de kooplieden gezien dat de vogel een bundeltje liet vallen. Het zag eruit als goud! De koopman haastte zich naar de struik, deed een greep, raapte het bundeltje op en knoopte de zijde los.

'Een robijn!' hijgde hij. 'Wat een grote! Oogverblindend! Die moet een fortuin waard zijn!' En vlug liet hij het juweel in zijn zak glijden. 'Ik moet er wel iets voor in de plaats leggen', mompelde hij in zichzelf.

Hij keek om zich heen en zag een stukje opgedroogde koemest, ongeveer even groot als de robijn. En – raad eens wat hij deed – hij stopte de droge koemest in het zijden lapje en bond het weer dicht.

De kraai had van dit alles niets gezien. Hij had het veel

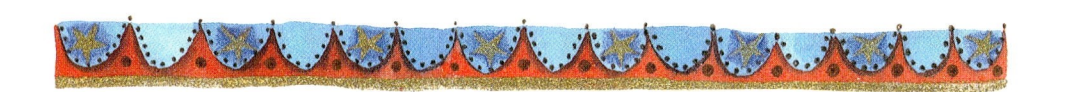

te druk met eten. Eindelijk, toen hij absoluut, helemaal verzadigd was, hipte hij naar het bosje, pikte het bundeltje op en vloog weg.

De Nagaprinses was heel blij toen de witte kraai terugkwam met een klein bundeltje van goudkleurige zijde en het in haar handen liet vallen.

'De Zonneprins heeft het druk', zei de kraai, die zich heel trots en belangrijk voelde. 'Hij kan je nu niet bezoeken, maar hij heeft dit geschenk gestuurd als teken van zijn liefde.'

Wat kon dat zijn? De vingers van de Nagaprinses beefden terwijl zij het bundeltje openmaakte. Ze was zo opgewonden. Maar... toen ze het opgedroogde stukje koemest zag, smeet ze het op de grond en haar ogen vlamden van boosheid.

'Ben je onderweg nog gestopt?' vroeg ze.

'Alsof ik dat zou doen!' zei de kraai. Hij was niet dom. Hij kon wel min of meer raden wat er gebeurd was. Maar moest hij zich daarvoor moeilijkheden op de hals halen? Hij keek wel uit. 'Alsof ik dat zou doen!' herhaalde hij, en weg vloog hij.

De Nagaprinses, die gewoonlijk zo kalm en vriendelijk was, kookte van woede. Ze wilde de Zonneprins nooit meer zien! En de drie fantastische eieren! Ze haalde ze te voorschijn, verzamelde al haar razernij in haar ogen en staarde naar de eieren. Het waren haar kinderen. Ze zou ze niet vernietigen. Ze wilde ze niet tot as verbranden, al kon ze dat wel. Maar ze bleef ernaar staren, tot al haar woede in de eieren was overgegaan.

Toen dook ze in het meer, veranderde in een slangenvrouw en zwom terug naar het onderwaterpaleis van haar vader. Ze had besloten nooit meer op het droge terug te keren. Van nu af aan zou ze wonen in haar huis onder water.

Het moet gezegd worden dat de Zonneprins nogal zorgeloos was. Hij had het zo druk met zijn werk dat hij vergat om elke dag naar beneden te kijken naar de Nagaprinses. Maar toch kwam er een tijd dat hij wel keek en toen kon hij haar niet vinden. Hij keek in de buurt van het meer en langs haar geliefkoosde paden, en nog kon hij haar niet vinden.

Hij zocht het hele land van Birma af tot zijn oog bleef rusten op een drukke marktplaats en daar zag hij een koopman die een kanjer van een robijn in zijn handen hield. Het was de oogverblindende robijn die afkomstig was uit de schatkamer van de Zon.

Onmiddellijk begreep de Zonneprins dat de kraai onderweg gestopt was. 'Ik zal hem straffen!' zei de Zonneprins. Hij was woedend.

Welnu, zodra hij de eerste de beste witte kraai in het oog kreeg richtte hij zijn felle zonnestralen recht op de vogel en verschroeide zijn witte veren tot ze koolzwart waren. Even later zag de Zonneprins nog een witte kraai en ook zijn veren werden verschroeid. Telkens als de Zonneprins een witte kraai zag, deed hij hetzelfde. En daarom zijn er geen witte kraaien meer in Birma. Ze zijn allemaal koolzwart.

Nu zul je je wel afvragen wat er met die drie fantastische eieren gebeurde?

Toen het regenseizoen aanbrak, lagen ze nog precies waar de Nagaprinses ze had achtergelaten. Het water kwam van de heuvelhelling naar beneden stromen en spoelde de drie eieren naar een beekje, en de beek voerde ze mee naar een grote rivier, waar ze rollend en stuiterend door het kolkende water werden meegesleurd.

Toen ze de stad Mogok bereikten, sloeg een van de eieren tegen een rots, barstte open... en er kwamen honderden flonkerende robijnen uitrollen. En van die dag af worden er in de buurt van de stad Mogok robijnen gevonden.

De twee overgebleven eieren werden meegevoerd naar de grote Irawaddy-rivier, en daar werd een van de eieren tegen een rots geslagen, barstte open en... er sprong een grommende tijger uit te voorschijn. En van die dag af zijn de gevaarlijkste tijgers ter wereld te vinden in de oerwouden van Birma.

Het overgebleven ei werd nog verder meegevoerd en vlak voordat de Irawaddy-rivier de zee bereikte, sloeg ook dit ei tegen een rots. Het barstte open... en er kwam een krokodil uitkruipen, klappend met zijn kaken. En van die dag af zijn er, loerend in alle ondiepe kreken en rivieren van het laagland van Birma, hongerige krokodillen te vinden.

Zo komt het dat de robijnen, de tijgers en de krokodillen van Birma broers en zusters zijn. Het zijn allemaal kinderen van de Zonneprins en zijn beeldschone vrouw, de Nagaprinses.

Een verhaal uit Birma

De Phoenix

Vogel van de zon

Er is een vogel die geen eieren legt en geen jongen krijgt. Hij was er al toen de wereld begon en nu leeft hij nog, in een verborgen woestenij, ver hiervandaan. Het is de Phoenix, de vuurvogel.

Op een dag, in de begintijd van de wereld, keek de zon omlaag en zag een grote vogel met de meest prachtige, blinkende veren. Ze waren rood, goud, purper – helder van kleur en oogverblindend als de zon zelf. Toen riep de zon: 'Prachtige Phoenix, jij zult mijn vogel zijn en eeuwig leven!'

Eeuwig leven! De Phoenix was heel erg blij toen hij dit hoorde en hij hief zijn kop op en zong: 'Zon, o, schitterende zon, ik zal mijn liederen zingen voor jou alleen!'

Maar de Phoenix was niet lang gelukkig. Arme vogel. Zijn veren waren veel te mooi. Mannen, vrouwen en kinderen joegen hem altijd op en probeerden hem te vangen. Ze wilden een paar van die mooie, blinkende veren voor zichzelf hebben.

Hier kan ik niet blijven, dacht de Phoenix. En hij vloog weg naar het oosten, waar de zon in de morgen opkomt.

De Phoenix vloog en vloog, tot hij bij een verre, verborgen woestenij kwam waar geen mensen waren. En daar leefde hij in vrede, vrij rondvliegend en zijn loflied zingend op de zon boven hem.

Bijna vijfhonderd jaren gingen voorbij. De Phoenix leefde nog, maar hij was oud geworden. Hij was vaak moe en hij had veel van zijn kracht verloren. Hij kon niet meer zo hoog door de lucht scheren, en ook niet meer zo ver en zo snel vliegen als toen hij jong was.

Zo wil ik niet blijven leven, dacht de Phoenix. Ik wil jong en sterk zijn.

En de Phoenix hief zijn kop op en zong: 'Zon, o, schitterende zon, maak mij weer sterk en jong!' Maar de zon antwoordde niet. Dag na dag zong de Phoenix zijn lied. Maar toen de zon nog steeds geen antwoord gaf, besloot de Phoenix terug te gaan naar de plaats waar hij in het begin gewoond had, en het nog één keer aan de zon te vragen.

Hij vloog over de woestenij, en over heuvels, groene valleien en hoge bergen. Het was een lange reis, en omdat de Phoenix oud en zwak was, moest hij onderweg dikwijls rusten. Nu heeft de Phoenix een fijn reukorgaan en hij is vooral dol op kruiden en specerijen. Dus elke keer als hij op de grond kwam verzamelde hij stukjes kaneelboombast en allerlei soorten welriekende bladeren. Sommige daarvan stak hij tussen zijn veren en de rest droeg hij mee in zijn klauwen.

Toen de vogel ten slotte aankwam bij de plaats waar hij vroeger gewoond had, ging hij zitten in een hoge palmboom die hoog op een berghelling groeide. En helemaal boven in de boom bouwde de Phoenix een nest met kaneelboombast en bekleedde het met geurige bladeren. Toen vloog de Phoenix weg en verzamelde wat van die scherpruikende hars die mirre genoemd wordt en die hij uit een boom vlakbij had zien sijpelen. Daarvan maakte hij een ei en droeg het naar zijn nest.

Nu was alles gereed. De Phoenix ging op zijn nest zitten, hief zijn kop op en zong: 'Zon, o, schitterende zon, maak mij weer sterk en jong!'

Deze keer hoorde de zon het lied. Snel verjoeg hij de wolken van de hemel, hield de winden stil en scheen met al zijn kracht op de berghelling.

De dieren, de slangen, de hagedissen en alle andere vogels verstopten zich in grotten en holen, in de schaduw van stenen en bomen voor de felle stralen van de zon. Alleen de Phoenix zat op zijn nest en liet de zonnestralen neerkomen op zijn prachtige blinkende veren.

Plotseling was er een lichtflits, vlammen sloegen op uit het nest en de Phoenix veranderde in een laaiende vuurbol.

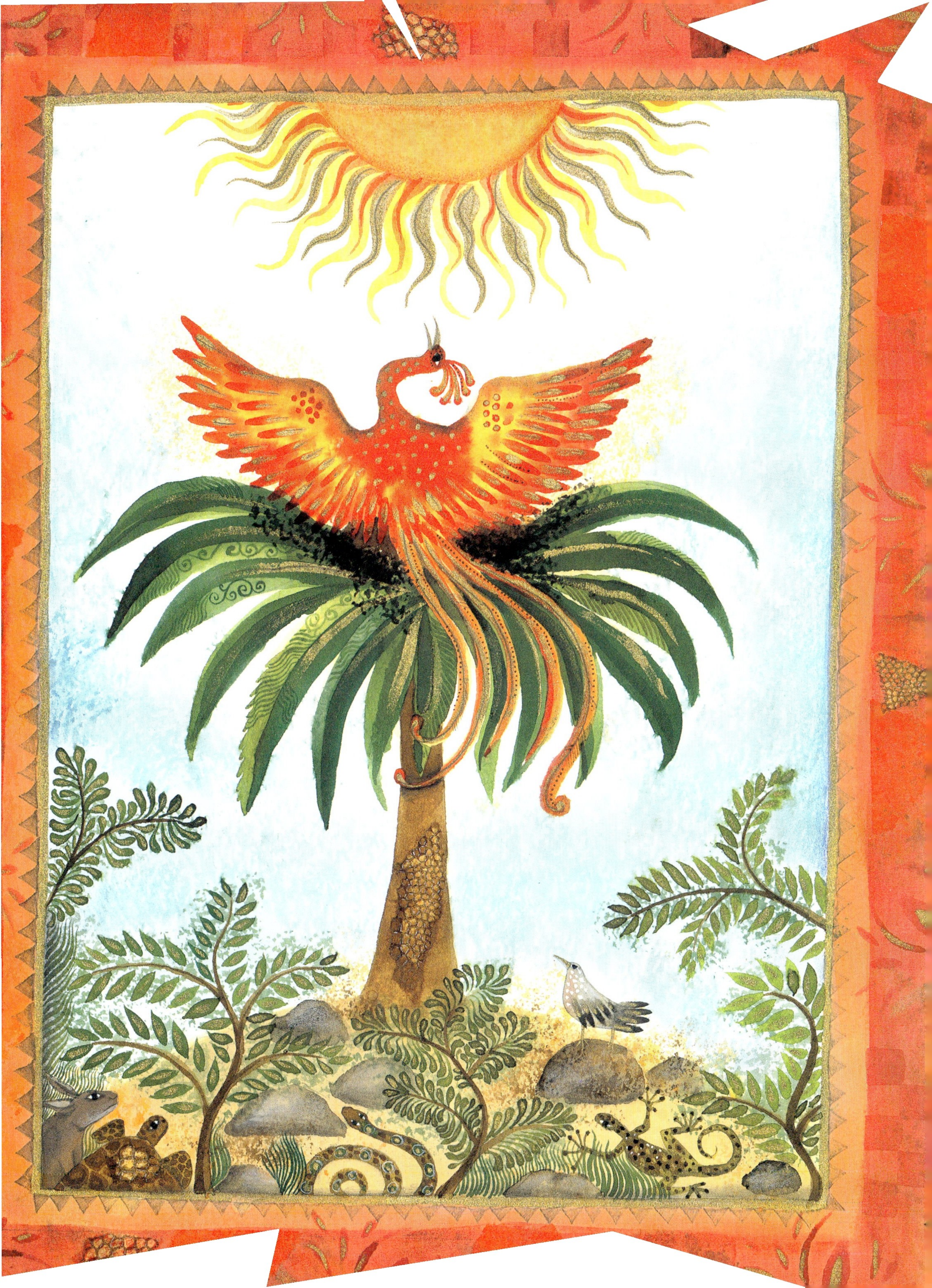

Na een poosje doofden de vlammen uit. De boom was niet verbrand en het nest ook niet. Maar de Phoenix was verdwenen en in het nest lag een hoopje zilvergrijze as.

De as begon te beven en kwam langzaam omhoog... en van onder de as rees een jonge Phoenix op. Hij was klein en zag er wat verfomfaaid uit. Maar hij strekte zijn nek en zijn vleugels en sloeg ze uit. Hij werd zienderogen groter, tot hij net zo groot was als de oude Phoenix. Hij keek om zich heen en vond het ei van mirre, holde het uit, stopte de as erin en sloot het ei weer. En toen hief de Phoenix zijn kop op en zong: 'Zon, o, schitterende zon, alleen voor jou zal ik mijn lied zingen! Voor altijd en altijd!'

Toen het lied uit was begon de wind te waaien, de wolken kwamen weer opzetten aan de hemel en de andere levende schepsels kropen weer uit hun schuilplaatsen.

Toen steeg de Phoenix op met het ei in zijn klauwen en

vloog weg. Tegelijkertijd verhief zich een zwerm vogels in alle soorten en maten en vloog achter de Phoenix aan, en allemaal zongen ze: 'Jij bent de grootste onder de vogels! Jij bent onze koning!'

En de vogels vlogen met de Phoenix mee naar de Zonnetempel die de Egyptenaren hadden gebouwd in Heliopolis, de stad van de zon. Toen legde de Phoenix het ei met de as erin op het altaar van de zon.

'Nu', zei de Phoenix, 'nu moet ik alleen verder vliegen.' En nagekeken door de andere vogels vloog hij weg naar de verre woestijn.

Daar woont de Phoenix nog altijd. Maar elke vijfhonderd jaar, als hij zich zwak en oud begint te voelen, vliegt hij naar het westen naar dezelfde berg. Daar bouwt hij boven in een palmboom een welriekend nest en daar wordt hij tot as verbrand. Maar iedere keer verrijst de Phoenix uit de as, versterkt, vernieuwd en verjongd.

Een Egyptisch verhaal

Over de verhalen

Het paard dat vliegen kon

Soms wordt van de vuurspuwende Chimera verteld dat hij maar twee koppen had – een leeuwenkop en een slangenkop – en het lichaam van een geit. Dan nog is de Chimera zo'n onwaarschijnlijk schepsel dat zijn naam in het Engels een woord is om een wilde, dwaze droom of fantasie aan te duiden. In de Griekse mythen heeft hij twee al even vreemde tegenhangers. De ene, Cerberus, is een driekoppige hond met een staart als een slang, die de Hades, het dodenrijk bewaakt. De andere, de Hydra, is een watermonster met een heleboel slangenkoppen. Als er één kop wordt afgehouwen, komen er twee of soms drie voor in de plaats. Zie Robert Graves: *The Greek Myths* (2 delen), 1955.

Het merendeel van de wonderbaarlijke verhalen die wij de Griekse mythen noemen, werd meer dan vijfentwintig eeuwen opgetekend. Maar sommige verhalen en sommige mythische dieren, zoals het gevleugelde paard en de Chimera stammen uit nog vroegere beschavingen van het Midden-Oosten.

Een zeemeermin moet je nooit aankijken

Meldingen van echte, levende zeemeerminnen kwamen tot voor honderd jaar algemeen voor bij Europese zeelieden. Meestal zat ze alleen op een rots haar lange golvende haar te kammen of zwom ze in de golven.

Een zeemeermin is altijd gevaarlijk. Ze kan gemakkelijk een man beheksen met haar schoonheid en haar zoete gezang, en hem dan meelokken naar haar verblijf onder water, een plek vol schatten. Meermannen echter zijn humeurig en lelijk, niet bijzonder geïnteresseerd in mensen en worden ook niet vaak gezien. Maar als een zeemeermin kwaad wordt gedaan, dan plegen meermannen stormen op te wekken en schepen te gronde te richten.

Dit verhaal is naverteld uit *Popular Romances of the West of England* van Robert Hunt, 1865; en *Traditional and Hearthside Stories of West Cornwall* van William Bottrell, 1870.

De eenhoorn gaat zijn eigen weg

De oudste bewaard gebleven beschrijving van een eenhoorn werd rond 400 n.C. opgetekend door Ctesias, een Griekse arts, die had gereisd met de koning van Perzië. Hij schreef dat er in India snelle wilde ezels bestonden met een wit lichaam, donkerrode kop en een spitse hoorn midden op het voorhoofd. Deze hoorn was ongeveer een halve meter lang, aan de basis wit, in het midden zwart en bovenaan helderrood. Een beker die gemaakt was van die hoorn zou de drinker beschermen tegen elke soort vergif. In de Middeleeuwen, vooral in West-Europa, resulteerde het geloof dat de hoorn gebruikt kon worden tegen vergif in een levendige handel in veronderstelde hoorns van dit dier. De meeste hiervan waren waarschijnlijk slagtanden van een zeezoogdier, de narwal. In 1605 werd een hoorn verkocht voor 12.000 goudstukken.

Dit verhaal kwam voor het eerst voor in een bestiarium – een boek met feiten en fabels over bestaande en imaginaire beesten. Vanaf ongeveer de derde eeuw waren bestiaria bij de christenen populair. Dit verhaal is naverteld uit *The Lore of the Unicorn* van Odell Shepard, 1930.

Door de eeuwen heen hebben schrijvers en vooral kunstenaars het uiterlijk van de eenhoorn veranderd. Hij is helemaal wit geworden en lijkt meer op een geit en minder op een paard. De hoorn is langer geworden, veranderd in zwart, vervolgens in wit en heeft een spiraalvormige winding gekregen.

De dondervogel met zijn groene klauwen

Het denkbeeld dat de donder wordt veroorzaakt door het klappen van de vleugels van een grote vogel, en dat de bliksem flitst doordat hij met zijn ogen knippert, was wijdverbreid bij de Indianenstammen aan de noordwestkust en in de hooglanden, de vlakten en de wouden in het noordoosten van Noord-Amerika.

Sommigen geloofden dat er een troep of een familie van dondervogels was, terwijl anderen weer geloofden dat het er maar één was, een heel grote. Langs de kust van de Stille Oceaan ging men er van uit dat hij zo sterk was dat hij een grote walvis uit de oceaan kon lichten en die aan land dragen. Volgens een traditie van de Zwartvoet-Indianen (een stam van de noordelijke vlakten) werd ooit een dondervogel overvallen door een sneeuwstorm; hij kwam neer in een kamp en toen zagen de mensen dat hij veelkleurige veren had, net als de regenboog, en lange groene klauwen.

Dit verhaal is naverteld uit *Blackfoot Lodge Tales* van G.B. Grinnell, 1893.

De vissen bij de Drakenpoort

De Chinese draak heeft een kop als een kameel, twee hoorns en snorren als een kat en hij draagt een kostbare parel onder zijn kin of in zijn bek. Net als de draak uit het Europese volksverhaal heeft hij schubben, vier poten, klauwen, een schat en kan hij vliegen. Maar gewoonlijk heeft de Chinese draak geen vleugels, hij eet geen mooie jonge meisjes op en hij ademt wolken damp in plaats van vlammen of dodelijke smook. 's Winters slaapt hij in poelen, rivieren of zelfs in de zee. In de lente wordt hij wakker en vliegt hoog de lucht in, waar alle draken bij elkaar komen om te vechten en te spelen en de zomerregens te maken. Soms blijven ze te lang boven en dan is er zoveel regen dat er overstromingen komen.

Dit verhaal is gebaseerd op materiaal uit *Dragons and Dynasties: An Introduction to Chinese Mythology*, van Yüan Ke (geselecteerd en vertaald door K. Echlin en N. Zhixiong), 1993; en uit *Chinese Mythology: An Introduction* van Anne Birrell, 1993.

Kleine Jakob en de eerste, de grootste, de oudste van alle zeeslangen

Volgens de Scandinavische mythologie ligt er onder de zee een immense slang, zijn lijf in een lus om de hele aarde geslagen en zijn staart in zijn bek. Deze slang zal losbreken bij het einde van de wereld. Dan zal Thor, de dondergod, hem bevechten, maar het lot heeft beslist dat de giftige adem van de slang de god ten slotte zal doden.

Het verhaal van Meester Stor-Orm (Noors voor Groot-Slang) is afkomstig van de Orkney Eilanden, die net als de Shetland Eilanden een rijke erfenis van verhalen en volksgeloof uit hun Scandinavische verleden hebben bewaard. Hoewel ze nu onderdeel uitmaken van Schotland waren de twee eilandengroepen tot de tweede helft van de vijftiende eeuw trouw verschuldigd aan de koning van Noorwegen, en was het Noors nog altijd de voornaamste spreektaal in plaats van het Schots van de Laaglanden.

Op de Shetland Eilanden bestond het geloof dat er ergens in zee een slang woonde die er zes uur over deed om in te ademen en ook weer zes uur om uit te ademen. Dit was een verklaring voor eb en vloed, twee maal op een dag!

Naverteld uit *Scottish Fairy and Folk Tales* van George Douglas (red.), 1893; en *The Folklore of Orkney and Shetland* van Ernest W. Marwick, in 1975.

Hoe de muziek naar de wereld kwam

De *quetzal* is een vogel die leeft in de afgelegen, door wolken overdekte regenwouden van Zuid-Mexico en Guatemala. Het mannetje heeft twee buitengewoon lange staartveren die achter hem aangolven als hij vliegt. Bij de geringste beweging glanzen ze op en veranderen van kleur van alle tinten groen naar blauw. *Coatl* betekent slang. Zo is Quetzalcoatl dus een vogel-slang, maar meestal wordt hij een gevederde slang genoemd. In de eerste plaats is hij een windgod en een schepper. De naam van de oppergod is Texcatlipoca, wat betekent Rokende Spiegel.

Quetzalcoatl is het meest voorkomende versieringsmotief in de oude gebouwen op de hoge plateaus van Mexico. In sommige beeldhouwwerken wordt hij afgebeeld als een geweldige werveling van lange, riet-achtige veren met een slangenkop er bovenuit. Soms is er in de omlijsting van zijn geopende kaken een menselijk gelaat zichtbaar, met tussen de veren een glimp van handen en voeten.

De Azteken gebruikten vogelveren om schitterende mantels en hoofdtooien van te maken. De meest gewaardeerde veren en vederwerken werden 'schaduwen van de heiligen' genoemd.

Dit verhaal is gebaseerd op een gedicht uit een zestiende-eeuws manuscript, in het Nahuatl, de taal van de Azteken en van de Tolteken voor hen. Zie voor een Engelse vertaling *Mythology of the Americas* van C. Burland, I. Nicholson en H. Osborne, 1970.

De eerste, de enige en laatste Minotaurus

Het Griekse verhaal van de Minotaurus gaat terug tot de tradities van de veel eerdere, grote Kretenzische beschaving. Het eerste paleis in Knossos werd gebouwd rond 1900 v.C. en in de daaropvolgende 500 jaar werd er, telkens als het paleis werd verwoest door een aardbeving of een brand, een nieuw paleis bovenop gebouwd. Archeologen hebben in het hele paleis stierenmotieven aangetroffen als versiering – stierenkoppen, stierenhoorns en een levendige muurschildering die de sport van het stierspringen voorstelt, iets wat elk voorjaar plaatshad. Acrobaten, jonge mannen zowel als vrouwen, moesten een aanvallende stier bij de hoorns vatten, een salto maken over zijn rug en achter hem op de grond neerkomen. Egyptische goden en godinnen uit de oudheid hadden dikwijls een menselijk lichaam met een dierenhoofd, zoals een kat, een havik of – net als de Minotaurus – een stier.

Drie fantastische eieren

Naga's kunnen van gedaante veranderen – het ene ogenblik kunnen ze een cobra zijn, het volgende een mens, of, zoals op sommige reliëfs te zien is, een mens vanaf het middel. Gewoonlijk zijn ze vriendelijk. Maar als hun woede wordt gewekt zijn ze in staat om met een enkele blik een mens in as te veranderen. Vrouwelijke Naga's (soms nagini genoemd) zijn beeldschoon en kunnen trouwen met een mens.

Alle Naga's zijn verzot op juwelen, vooral robijnen. Ze leven onderwater of onder de grond in met juwelen bezette paleizen vol schatten, bloemen, gezang en dansen. Ze zijn op goden gelijkende wezens, en spelen een belangrijke rol in hindoeïstische en boeddhistische mythen en kunst in het grootste gedeelte van India, maar ook in landen die verder naar het oosten liggen, zoals Java en Cambodja en zoals in het verhaal in dit boek, in Birma.

Naverteld uit *Burmese Folktales* van Maung Htin Aung, 1948.

Vogel van de zon

De Phoenix is de Griekse naam voor de mythische Egyptische vogel Bennu. Beide namen betekenen 'palmboom.' Hij is de enige vogel van zijn soort en een symbool van de zon. Hij leeft ten oosten van Egypte, in Arabië of India. Schrijvers zijn het er niet over eens hoe lang de Phoenix leeft, maar de meest algemene mening is vijfhonderd jaar.

Zie *The Myth of the Phoenix* van R. van den Broek, 1972.

Rio de la Plata